Les morts seraient moins tristes
s'ils savaient qu'ils pourront
encore se tenir les côtes
en regardant les vivants

DU MÊME AUTEUR

Les Passions du dimanche, L'Entreprise moderne.
Carnets mondains, La Table Ronde (grand prix de l'Académie de l'humour, 1962).
Madame n'est pas servie, La Pensée moderne.
Petit Précis de sociologie parisienne, Grasset.
Lettre ouverte aux marchands du Temple, Albin Michel.
Comment devenir animateur de radio sans se fatiguer, La Pensée moderne.
Un oursin dans le caviar, Stock.
La Cuisse de Jupiter, roman, Stock.
Impair et Passe, roman, Stock.
Du vinaigre sur les huiles, Plon.
Et si je disais tout..., Stock.
L'Huile sur le feu, Mengès.
En pièces détachées, Presses de la Cité.
Douze Mois et moi, Stock.
Tous des hypocrites sauf vous et moi..., Albin Michel.
Un oursin chez les crabes, Stock.
Les Champions du loto, Presses de la Cité.
Les Grosses Têtes, Atelier Marcel Jullian.
Maximes au minimum, Robert Laffont.
Le Théâtre de Bouvard, Jean-Claude Lattès.
Le Petit Bouvard illustré, Presses de la Cité.
Je ne l'ai pas dit dans les journaux, Presses de la Cité.
Pas de quoi être fier, Robert Laffont.
Contribuables mes frères, Robert Laffont.
Cent Voitures et sans regrets, Jean-Claude Lattès.
Les Pensées, Le Cherche Midi.
Un homme libre, roman, Grasset.
La Grinchieuse, roman, Albin Michel.
Journal de Bouvard, Le Cherche Midi.
Une pâle ordure, roman, Albin Michel.
Joueurs, mes frères, Robert Laffont.
Journal de Bouvard 1997-2000, Le Cherche Midi.
La Belle Vie après 70 ans, Albin Michel.
Auto-psy d'un bon vivant, Journal, 2001-2003, Le Cherche Midi.
Des femmes, Flammarion.
Mille et Une Pensées, Le Cherche Midi.
Tout sur le jeu, Flammarion.
Portraits pour la galerie, Albin Michel.
Je suis mort. Et alors ?..., Flammarion.
Ma vie d'avant, ma vie d'après, Flammarion.
Le Bourgeois théâtreux, Flammarion.
Je crois me souvenir... 60 ans de journalisme, Flammarion.

Philippe Bouvard

Les morts seraient moins tristes s'ils savaient qu'ils pourront encore se tenir les côtes en regardant les vivants

Flammarion

ISBN : 978-2-0812-4100-8

Je dédramatiserai le trépas jusqu'à
ce que mort s'ensuive.

Faut-il que les vivants aient honte de leur
comportement pour qu'ils ferment
systématiquement les yeux de leurs morts ?

Quand on est en bonne santé, on peut écrire
n'importe quoi sur la mort puisque les défunts
qui connaissent vraiment le sujet ont perdu,
en même temps que la vie, le goût
de la contradiction.

Prologue

MIEUX VAUT TROP TARD QUE JAMAIS…

Durant soixante-dix-huit ans, j'ai tenté d'exorciser le sujet en n'en parlant jamais. Au point que j'avais rayé le mot mort de mon vocabulaire. Et même celui de décès, qui tient à la fois le rôle de synonyme et d'euphémisme dans notre langage courant. Toute ma jeunesse, ma seule approche du sujet a consisté à raconter, sous forme de dialogue, une blague débile :

— Bonjour monsieur Funèbre, je voudrais une pompe.

— Je ne vends que des bières.

— Alors, donnez-moi un demi !

Par superstition, je n'achetais pas de DVD parce que ce sigle se rapprochait trop de décédé. Et, alors que j'ai tant écrit, je n'ai jamais rédigé de testament.

Pour que la Grande Faucheuse m'oublie, je me faisais encore plus petit que je ne suis.

Je m'abstenais d'aller aux enterrements sous prétexte que je ne rencontrerais par définition que des seconds rôles et que le jour venu, la vedette ne serait plus en état de me rendre la politesse. Aujourd'hui, je vous livre ce que certains considéreront sans doute comme mes dernières volontés, mais j'ai préféré déposer l'enveloppe – sans la fermer – chez les libraires plutôt que chez un notaire.

En fait, tout a basculé le jour où, m'étant avisé de l'inéluctabilité du grand saut, j'ai décidé de commercialiser l'élastique. Le premier livre s'intitulait très explicitement *Je suis mort. Et alors ?* au grand dam de l'éditeur qui pensait que si on l'imprimait sur la couverture, la mort était un gros mot en même temps qu'un vocable dissuasif. Ce fut plutôt un succès. Une fois passé la surprise de voir un amuseur publier ses mémoires d'outre-tombe, les critiques voulurent bien louer la description d'une situation qu'ils ne connaissaient pas plus que moi.

Comme à partir de cinquante mille exemplaires vendus la récidive est obligatoire, j'accouchai un an plus tard de *Ma vie d'avant, ma vie d'après*. Pour être plus crédible, je mélangeai cette fois la relation d'un passé dont j'étais sûr et l'imagination d'un avenir plein d'incertitudes.

La trilogie se termine donc ici sous un titre presque aussi long que ma vie. Peut-être moins une trilogie qu'une trithérapie contre la principale angoisse existentielle. Cela dit, je préfère vous dire la vérité : la dédramatisation du trépas à laquelle j'aspirais demeure un vœu pieux. J'ai simplement trouvé dans une terre où rien ne pousse à part des concessions à perpétuité, mon ultime filon. Avec l'espoir que votre générosité, cher lecteur, permettra à ma famille qui en bénéficiera forcément, de m'apporter, une fois l'an, les plus beaux chrysanthèmes de la division.

Chemin faisant, j'ai souhaité mettre l'accent sur l'incommunicabilité qui règne probablement autant dans la société des morts que dans celle des vivants. Pas d'amicale de défunts. On peut passer cinquante siècles dans le voisinage d'un animateur de télé sans échanger le moindre propos. On aurait pu penser que l'appartenance à une communauté structurée pour l'éternité créerait un lien entre les gisants d'un même cimetière. Or, alors que de leur vivant, ils se montraient si fiers d'être nés en un lieu précis et d'habiter un quartier, rien de semblable ne s'observe en cet endroit où la devise semble d'autant plus être « chacun pour soi » que le manque d'éclats de voix donne l'impression qu'à l'intérieur d'un même caveau les familles ne se parlent pas davantage qu'avant. Les morts ne savent pas s'organiser. Ils n'élisent pas de syndic. Ils ne publient pas de gazette locale. Si la formule n'était pas tautologique, je dirais que les défunts font le mort. On n'entend plus ceux qui ont passé leur vie à s'égosiller. On ne voit plus les m'as-tu-vu. Les gloires s'estompent, les visiteurs se font plus rares jusqu'à ce qu'un passant découvrant un patronyme qui lui dit – mais très vaguement – quelque chose, demande : « Qui c'était celui-là ? »

Bien sûr, il y a le Conservateur (drôle d'appellation pour un administratif qui n'empêchera jamais aucune décomposition). Mais il n'est pas plus liant que ses pensionnaires. À tout hasard et pour se mettre à l'unisson des familles endeuillées, il noue une cravate noire sur une chemise blanche mais n'éprouve aucune gêne à rouler dans les allées (c'est le seul à y être autorisé en dehors des convois funèbres) à bord d'une voiture rouge sang. Bénéficiant d'une clientèle captive qui n'élève jamais aucune réclamation, rien ne l'inquiète hormis la saturation des lieux qui, en dépit de l'augmentation de l'espérance de vie, devrait se produire en 2080 et qu'il évoque plaisamment :

— Ce jour-là, il ne restera même plus une place pour moi...

Les relations entre les vivants et les morts ne sont pas meilleures. Les premiers dépouillent très légalement les seconds sans que ceux-ci puissent espérer d'autre reconnaissance qu'une messe de bout de l'an. Pour le reste, après les obsèques, c'est un oubli presque total mâtiné d'un léger mépris à l'égard de ceux qui n'ont plus ni bien ni influence une fois que le notaire a informé la parentèle de leurs legs.

Se joue ensuite le psychodrame de l'appropriation. L'« opération main basse » peut commencer en distinguant les objets de peu de valeur qu'on distribuera aux familiers du second cercle et la véritable fortune que se disputera une famille « à couteaux tirés » devant l'argenterie. Les chers « souvenirs » du défunt n'ont plus qu'une valeur vénale. Les vieux livres et les pierres rapportées du bout du monde ne relèvent, dans le meilleur des cas, que de la brocante ou même du vide-grenier. Le défunt aurait bien aimé laisser son édition originale de Jules Renard à son petit-fils préféré. Il s'en est abstenu en s'avisant que la nouvelle génération ne lisait plus ou tout autre chose que la littérature française du XIXe siècle.

Avouerai-je que je ne suis pas totalement persuadé par mes propres assertions ? Je prends l'exemple de Mauricette et de Gaston. Lorsque, après cinquante ans de mariage heureux interrompus par la disparition de Mauricette, Gaston l'a rejointe quelques mois plus tard et que l'orateur de service évoque « leurs retrouvailles », le terme est sans doute mal choisi. Car Mauricette ne s'est pas mise en frais pour accueillir Gaston. Certes, on n'a revu que le cercueil de Mauricette avant qu'il ne soit recouvert par celui de Gaston. Rien d'autre. Pas un cri de joie. Pas un mot tendre. Pas l'un de ses bons petits plats à l'aide desquels elle avait rendu son bonhomme heureux pendant si longtemps. Déception. Tristesse. Incompréhension.

Je croirai davantage à l'immortalité de l'âme quand, en pareille occasion, un fumet de soupe aux choux s'échappera du caveau de famille.

Première partie

AVANT

La belle vie après 80 ans

Lorsqu'au début de l'an 2000 j'ai publié *La Belle Vie après 70 ans,* j'éprouvai une terreur panique qu'avant la parution je sois atteint d'une grave maladie ou – pire – que je sois incapable d'assurer sa promotion pour cause de cessation d'existence. Auquel cas, j'aurais été parfaitement ridicule et les confrères ne se privant pas de mettre en boîte l'auteur d'un témoignage aussi peu crédible auraient fait des gorges chaudes de mon refroidissement.

Si quatorze années plus tard je remets le couvert – fût-ce l'espace d'un chapitre – c'est parce que, cette fois, les deux cinquièmes du pari sont déjà tenus. Mais si ces conseils s'inspirent d'une expérience vécue au quotidien, ils ne concernent hélas que les personnes du troisième et du quatrième âge ayant conservé toutes leurs facultés mentales. Physiques, c'est une autre paire de jambes. Car le déclin des performances concerne surtout les sportifs, qui à vingt ans couraient le marathon ou escaladaient le mont Ventoux et épargne ceux qui, ados, accumulaient déjà les contre-performances. Jeunes, ils économisaient leurs efforts. Vieux, leur capital n'a pas été entamé. Dommage qu'il existe d'autres paramètres en matière de bilan du vieillissement.

À défaut de véritables conseils que je ne saurai dispenser, faute de diplômes, au moins puis-je vous offrir quelques suggestions sur le choix de vos centres d'intérêt.

Conservez votre goût de la vie

C'est peut-être, bien qu'on en parle très peu, le meilleur moyen de vivre longtemps. Car il en est des plaisirs de l'existence comme des femmes : on ne les garde qu'à condition de s'y accrocher. Les blasés qui ont tout vu et que rien n'épate plus sont du gibier de cimetière. Conservez précieusement dans votre viseur l'image d'un nonagénaire ou – encore mieux – d'un centenaire en pleine possession de ses moyens physiques et intellectuels.

Entretenez vos vices

Les gérontologues n'évoquent jamais la nécessité de rester attaché le plus tard possible à ces turpitudes dont, par la faute des moralistes, on oublie qu'ils structurent la personnalité.

Or, chaque fois qu'on abandonne un vice – en prétendant s'en guérir –, on est un peu plus vide. Bien sûr, le grand âge venant, il n'est pas interdit de troquer l'échangisme contre la vie associative ni de jouer aux fléchettes avec ses petits-enfants plutôt qu'à la roulette au casino. Mais il importe, si l'on est moins pratiquant, d'assister à une messe noire de temps en temps. La belle vie après 80 ans passe par la pérennité des sentiments amoureux, par l'appétit qu'on manifeste à table et par l'envie de voir du monde sinon d'aller au bout de la planète.

Une telle attitude ne va pas sans petites trahisons générationnelles. Et sans refus obstiné de la nostalgie. Cessez de considérer que depuis Tino Rossi et Jean Gabin la chanson et le cinéma n'ont pas fait mieux. Ne dénigrez les vedettes adulées par les jeunes qu'après les avoir regardées et écoutées. Ne boudez pas les nouvelles technologies : si un enfant de 3 ans est capable de mettre en marche un ordinateur, pourquoi son arrière-grand-père ne pourrait-il pas en faire autant ? Regardez les jolies femmes ou les beaux hommes. Démentez le poète qui a dit « Tout bonheur que la main n'atteint pas n'est qu'un rêve » en incorporant au vôtre de jolies personnes dont vous n'aurez pas à solliciter préalablement l'autorisation. Si vous n'appréciez pas la BD, faites plutôt confiance aux bulles du champagne. Ou aux vieux bordeaux. Plus jeunes que vous toutefois, afin d'éviter la madérisation.

Offrez-vous le plus souvent possible des plaisirs simples

Même si elle ne semble pas vous avoir gâté, rendez hommage quotidiennement à la nature. Respirez en fermant les yeux et en remuant les narines comme un lapin, la bonne odeur de l'herbe coupée. Après quoi, fixez intensément le vert du gazon. Cette couleur très particulière aura sur vous un effet sédatif ne devant rien aux pharmaciens. Glanez les odeurs, collectionnez les parfums au gré de vos promenades, fût-ce à petits pas.

Ne regardez jamais la mer sans penser que, si elle paraît ne pas quitter le littoral, elle est le début de tous les grands voyages à l'exemple de l'amour dont Louis-Ferdinand Céline prétendait qu'il était « l'infini à la portée des caniches ». Si vous allez moins souvent à la rencontre des panoramas, évertuez-vous – en changeant de maison ou en achetant une longue-vue – à ce qu'ils viennent davantage vers vous.

Reportez sur le règne animal une partie de l'affection, souvent unilatérale, que vous accordiez aux êtres humains. Il y a moins de méchanceté dans une araignée escaladant votre jambe que chez un internaute sur la Toile. Chaque fois que vous perdez un vieux compagnon, adoptez un jeune chien. Intéressez-vous à tout ce qui vit et vous découvrirez qu'on apprend davantage en regardant évoluer les insectes sociaux qu'en fréquentant des syndicalistes. Avant d'attaquer le loup en croûte de sel, demandez-vous s'il s'est vu mourir, si le pêcheur et le cuisinier n'ont pas été ses bourreaux. Envisagez que les poissons et nous soyons logés à la même enseigne. À ceci près qu'après notre mort, et même si précédemment nous étions devenus un légume, aucun restaurateur ne nous inscrira sur sa carte.

Redoutez Alzheimer mais cultivez certains trous de mémoire

Prenez vos distances avec les albums de famille. À quoi sert de comparer votre tronche ravinée avec le visage lisse de l'ado que vous fûtes ? Ne regardez surtout pas vos photos de mariage. Ou bien le conjoint s'est détérioré ou bien il est parti.

Fuyez les anciens condisciples. Rien n'est plus décourageant que de découvrir que le prix d'Excellence dont on admirait tant les prouesses scolaires n'a été ensuite qu'un tout petit fonctionnaire. Ne revoyez pas davantage vos copains de régiment que vous avez connus à leur zénith et qui ont commencé à décliner le lendemain de leur retour à la vie civile. Si vos « ex » sont encore de ce monde, contentez-vous de leur parler au téléphone : la voix est ce qui vieillit le moins.

Rayez de vos tablettes les projets avortés, les ambitions déçues, les trahisons des uns, les cruautés des autres. Ne vous occupez plus de politique même si les professionnels du suffrage universel vous envoient un taxi les jours de scrutin. Car ils ne pensent qu'à augmenter vos impôts, à diminuer vos retraites et à encourager les déremboursements de la Sécu.

Effacez de votre autobiographie les peaux de banane dont on a essaimé votre parcours. La haine est maléfique pour l'organisme et pernicieuse pour l'esprit. Et puis de deux choses l'une : ou bien les méchants auxquels vous avez eu affaire sont morts et ils ont donc été punis. Ou bien ils vivent encore et, lorsqu'on les évoque devant vous, prétextez que votre hygiène bucco-dentaire vous interdit de prononcer des noms qu'on ne saurait qualifier de propres.

Enfin, n'utilisez pas votre dentier à remâcher tout ce qui ne va pas dans notre société et qui vous concerne de moins en moins. Focalisez sur les avantages de la vieillesse. Quand vous aviez 15 ans, le mot de pension vous effrayait, à 85 c'est le réconfort trimestriel.

Sachez tuer le temps avant qu'il ne vous tue

Naguère, votre problème tenait à tout ce que la collectivité attendait de vous. Aujourd'hui, vos difficultés existentielles proviennent de votre inutilité sociale ainsi que de la disparition des travaux et contraintes qui vous ont tant fatigué depuis un demi-siècle. Ayant découvert que ne plus rien avoir à faire était encore plus stressant que d'être débordé, je vous renvoie à une série de mesures simples et quotidiennes : ne traînez pas trop au lit le matin ; gardez-vous de dire que vous n'avez rien à faire ; inventez-vous des objectifs, voire des corvées ; évitez de fréquenter les contemporains qui souffrent du même mal-être que vous ; si vous êtes allergique au bricolage et au jardinage, informez vos amis que, comme cinq millions de Français, vous êtes en train de tenir un journal intime (pour faire jeun's prononcez blog) ou de rédiger vos mémoires ; remplacez les mots fléchés par le sudoku en soulignant la prééminence moderne des chiffres sur les lettres ; tenez-vous au courant de l'actualité en commentant les faits-divers ou feignez de l'être en hochant la tête chaque fois qu'on les évoque devant vous ; afin de freiner votre descente, adoptez les tics de langage des générations-qui-montent ; risquez le début d'insolation plutôt que de ressortir votre vieux panama ; achetez, au moins une fois par an, un prix littéraire que vous laisserez traîner sur la table basse de votre salon sans que personne puisse s'apercevoir que vous ne l'avez pas lu puisque les pages sont désormais coupées ; si vous êtes téléspectateur, méfiez-vous des canapés qui sont souvent des antichambres du tombeau ; choisissez un médecin et un pharmacien disposant d'assez de temps et de sciences pour que vous puissiez les faire parler d'autre chose que de votre petite santé ; ne prêtez plus d'argent : comme vous n'êtes pas certain d'être encore en vie quand on vous le rendra, donnez-le plutôt ; ne changez pas de voiture ni de femme : les modèles plus récents durent de moins en moins longtemps.

Évitez de dire…

– Le leitmotiv « de mon temps » vous fera immédiatement ranger dans la catégorie des vieux cons.

– Ne donnez pas au mot « jeune » une acception plus péjorative que celle qu'on confère au mot « vieux ».

– Renoncez à vous faire valoir en disant que vous avez croisé Picasso ou que vous étiez intime avec Georges Simenon. Mieux vaut vous situer comme une relation de Laure Manaudou ou de Grand Corps malade.

– Ne vous présentez plus comme appartenant à « la galaxie Gutenberg ». La mise au point de l'ordinateur a rendu caduque l'invention de l'imprimerie.

– Pour aider le soir vos petits-enfants à s'endormir, remplacez le conte de Cendrillon par le chrono d'Usain Bolt.

– Reconnaissez que ce sont les promesses électorales non tenues qui vous ont dissuadé de continuer à croire au Père Noël. En précisant que si vous allez encore voter, c'est pour ne pas rater une occasion de prendre l'air.

– N'égrenez plus vos vieilles maladies. Évoquez celles dont vous n'avez pas souffert.

N'abusez pas des anniversaires

Réduisez au minimum, si vous ne pouvez pas les faire disparaître totalement, ce rappel périodique de l'état civil. Pour échapper à cette triste comédie, arguez qu'on ne fête pas les naufrages. Si la famille insiste, exigez une bougie unique, plus facile à souffler, et levez votre verre sans vous lancer dans un petit discours qui risquerait d'être le même que celui de l'année précédente. Si vos petits-enfants mettent de la musique, restez assis en vous souvenant de cette « danse des genoux » que Beaumarchais prêtait à Bartholo en particulier et aux vieillards en général. À ceux qui vous souhaitent de devenir centenaire, rappelez que Jeanne Calment ne s'est éclipsée qu'à 122 ans.

Si on vous demande à quel moment on devient vieux, répondez « C'est quand les enfants prennent leur retraite ». Louez au passage le gouvernement de retarder cette échéance. Pour impressionner vos visiteurs ne dites pas « J'ai 84 ans » mais « Je suis dans ma 85e année ».

Organisez-vous des pauses agréables et des bons moments. Vous vérifierez que si chaque âge a ses plaisirs, à quelques décennies de distance, l'ingestion d'un vrai clafoutis vous apporte autant de satisfaction que vous procurait un voyage en Thaïlande. Planifiez une fois par mois une « soirée-souvenirs » au cours de laquelle vous vous repasserez les instants agréables de votre vie avec, pour les plus délicieux, une possibilité d'arrêt sur images. Profitez d'un rayon de soleil mais aussi de quelques gouttes de pluie. Les sensations variées que la météo vous offre vous confirmeront que vous êtes toujours en vie. Ne refusez pas une balade en voiture et en milieu urbain. La paralysie de la circulation vous donnera l'impression que votre vue s'améliore.

Prolongez aussi votre vie sexuelle

Ne craignez pas de vous essouffler jusqu'à votre dernier souffle. Faites les mêmes choses (les ressources du Kamasutra sont limitées) que quarante ans plus tôt mais avec une périodicité différente et sans être obnubilé par la finalité de l'exercice. Souvenez-vous que, là aussi, la nature a bien fait les choses puisqu'elle vous a doté, en plus d'un sexe, d'une langue et de deux mains. Si, divorcé ou veuf, vous vous retrouvez esseulé(e) dans ce grand lit où, à d'autres moments, il est si agréable de dormir en travers, privilégiez le recours à une main-d'œuvre hautement qualifiée. Ne craignez pas les différences d'âge. Dans un couple, c'est la moyenne qui compte et vous la maintiendrez en donnant sa chance (?) à la jeunesse. Lorsqu'on aborde le sujet devant vous, professez qu'une belle rencontre est le plus efficace des Viagra et que vous avez passé le cap de la période où vous faisiez l'amour sans amour.

Si vous vous sentez partir

Prenez cette perspective comme une assurance de changement et n'en faites pas un drame. Depuis que le monde est monde, environ 75 milliards d'hommes y sont passés avant vous.

PRENDRE DE LA BOUTEILLE, ÇA S'ARROSE...

37. ouïe (sense of) hearing

39 narre - account of - tell.

40 rime ryhme

42 toise measure(d)

→

Vieillir est un énorme privilège dont sont malheureusement exclus les enfants mort-nés, les soldats tués au champ d'honneur, les victimes de la route et les accidentés du travail qui n'ont pas profité de la montée du chômage. Tout ce qu'on présente d'ordinaire comme les atteintes de l'âge peut également être considéré comme des grâces d'état, en particulier le déclin de la vie qui dispense des plus désolants spectacles et la baisse de l'ouïe qui épargne d'entendre les plus grosses bêtises.

Le vieux – appelons-le senior pour faire moderne – est généralement tenu pour un sage par une société qui confond expérience et intelligence. Il siège volontiers dans les conseils d'administration, au Conseil constitutionnel et, à défaut, à côté du syndic dans les assemblées de copropriétaires. Quand il ne tombe pas sur de petits voyous qui le dévalisent, il bénéficie des marques de respect de la jeune génération. Toutefois, s'il veut disposer d'une place assise sur un quai de gare ou dans les transports en commun, il lui est recommandé de se dessiner au crayon gras des rides supplémentaires. En revanche, l'achat d'une canne blanche ne sera d'aucun effet puisqu'elle assurera les petits malappris de ne pas être identifiés.

Le senior est bien vu de la société commerçante car son pouvoir d'achat dépasse souvent celui des actifs. Il est l'objet de multiples sollicitations de la part des fabricants de monte-escaliers, de baignoires à porte latérale et de prothèses de toutes sortes. Le jour de ses 90 ans, il fait l'admiration de ses confrères ou collègues s'il exerce encore une activité. Mais qui, dès le lendemain, susurrent qu'il ferait mieux de décrocher. Lorsque, de plus en plus souvent, il atteint 100 ans, le sous-préfet ne se dérange plus pour lui transmettre les félicitations du gouvernement. Ses héritiers naturels ou les spéculateurs qui lui ont acheté son appartement en viager trompent leur impatience en lui faisant cadeau à chaque anniversaire et aux fêtes carillonnées de spiritueux réputés pour leurs effets nocifs sur la santé.

S'il n'a pas oublié ce qu'il a fait une heure plus tôt, le senior a de très nombreux souvenirs qu'il narre le soir à la veillée ou qu'il publie à compte d'auteur. Lorsque, redevenant un Tanguy, il vit aux crochets de sa famille, il ne la ruine pas puisqu'il mange peu, ne boit pas assez et s'habille avec les vêtements qu'il portait trente ans plus tôt. Quand le senior est encore en état de lire, il préfère Victor Hugo à Guillaume Musso. Il apprécie autant Aznavour pour sa validité que pour son talent et écoute Johnny depuis que ce dernier a fêté ses 70 ans.

Le senior a connu d'autres époques, plus prospères, et des impôts moins lourds. Côté politique, il n'a pas encore compris pourquoi de Gaulle est parti et pour quelle raison Hollande est arrivé. Il voue un culte à Pompidou parce que c'est sous son septennat (écourté par la maladie) que la France s'est le mieux portée.

En dehors de la pierre, ses placements n'ont pas été très rentables. Il a cru, un temps, qu'on allait lui rembourser l'emprunt russe et ne trouve pas suffisamment de réconfort dans le fait que les 53,50 euros d'intérêts de son Livret A échappent à la convoitise du fisc.

Le senior appartient à deux catégories très opposées voire antagonistes : tantôt il se fait humble et demande qu'on ne s'occupe plus de lui car il a cessé d'en valoir la peine ; tantôt il clame, comme aux plus beaux jours de sa jeunesse, que tout lui est dû. Dans le premier cas, il n'est pas loin de proposer, afin de se rendre utile, qu'on lui aménage un lit de paille pour qu'il puisse, comme son homologue chinois, couver les œufs dont se régaleront ses petits-enfants.

Le senior a depuis longtemps revendu sa dernière voiture et sort surtout pour aller au bistrot voisin où, devant sa tisane, il peut lire gratuitement les journaux.

À l'inverse, vieux rime avec odieux. Le senior, que l'empâtement de son abdomen n'empêche pas de se croire encore le nombril du monde, réclame toujours, au nom de l'âge et parfois des services rendus, un traitement de faveur.

Si l'on ne veut pas encourir ses foudres, il convient de le laisser monter avant tout le monde dans l'autobus ou dans un taxi, surtout s'il y a une longue file d'attente. Au restaurant, pour peu qu'il soit venu une seule fois et voilà quelques années, il exige d'être reconnu sans avoir à se nommer. Quand il s'abaisse jusqu'à déjeuner dans un bastion de la restauration rapide, il fait une grosse colère si l'on n'accepte pas de remplacer la serviette en papier par un linge en tissu. Au théâtre, il entend choisir son rang et sa place. À propos de tout et de rien, il rappelle ses relations et ses exploits. Il n'achète jamais rien sans solliciter un prix d'ami, une remise, une ristourne supérieure à celle qu'on consent aux autres clients. Il ne supporte pas qu'on vérifie son identité ou qu'avant d'accepter un paiement par carte bancaire il s'écoule quelques secondes. Si l'on paraît se méfier ou seulement prendre des renseignements avant d'accéder à l'un de ses souhaits, il éructe « Vous ne savez pas qui je suis !... appelez-moi votre directeur... ça va aller loin... j'ai le bras long... vous serez licencié ! »

Pour être certain de que l'on reconnaisse ce qu'il appelle ses droits d'aînesse, il s'est même fait fabriquer une carte de priorité paraphée par une autorité inconnue et qu'il exhibe à tout propos. Il n'aura pas besoin de la sortir pour entrer, avant la plupart de ses contemporains, dans cet autre monde où l'on ne vieillit plus. Dommage que quand on est encore sur deux jambes ou sur quatre roues et en fonction de la taille que vous accorde la toise, on vous considère comme un grand vieillard ou on vous traite de petit vieux.

Passifs, fatalistes et résignés

Pourquoi, dans une démocratie parlementaire tempérée par les manifestations de rue et où des milliers de braves gens peuvent défiler pour réclamer une baisse du prix des carottes, les mortels désireux de ne plus l'être ne se rassemblent-ils jamais sur la voie publique ?

Ce serait beau, grandiose, impressionnant et dissuaderait peut-être Dieu « de nous rappeler à Lui » si des millions de citoyens brandissaient des pancartes claironnant « Nous ne voulons plus mourir ! » Le cortège s'arrêterait devant les hôpitaux, les cliniques, le CNRS, l'Académie de médecine et les églises dont les prêtres, tirant davantage leurs revenus des enterrements que des mariages, ne s'insurgent jamais contre le plus dramatique aléa de la condition humaine. Il réunirait tous les sexes et toutes les générations. Les grosses motos des jeunes voisineraient avec les déambulateurs des moins frais.

La raison de ce silence collectif obstiné tient sans doute à ce que l'inévitabilité de la mort humaine est acceptée individuellement depuis que le monde est monde par les grands malades et les petits héritiers. Mais il suffirait qu'un parti traditionnel ou nouveau fasse des vraies prolongations de son programme pour que la France, puis la planète, se mobilisent. Bien sûr, il faudrait compter avec l'obstruction menée par le lobby des caisses de retraite mais le gouvernement qui consacrerait tous ses moyens d'abord à augmenter la durée de l'existence, ensuite à supprimer l'échéance fatale, bénéficierait d'un consensus jamais atteint.

On imagine le nouveau budget de la Nation, les crédits militaires reversés aux scientifiques avec ce slogan « Un porte-avions en moins c'est cent mille vies en plus ». On se représente les « unités de réparation » installées dans chaque immeuble où l'on rajeunirait les bipèdes à la chaîne grâce aux cellules-souches.

À chaque fois que, malgré les avancées de la recherche et les milliards affectés à son financement, un bipède à la nouvelle fleur de l'âge décéderait aux alentours de 150 ans, le pays prendrait le deuil et le chef de l'État lui rendrait hommage dans la cour des Invalides.

Hélas ! On n'en est pas là. Devant cette menace à laquelle il sait ne pouvoir encore échapper, l'honnête homme du XXIe siècle, condamné à passer toute sa vie dans le couloir de la mort, demeure fataliste et résigné. Or, et bien que la période électorale soit propice aux promesses les plus utopistes, on n'a jamais entendu un candidat à la magistrature suprême faire de l'immortalité son cheval de bataille.

Or, on ne constate aucune solidarité entre individus promis à un destin identique. J'attends toujours en vain que deux politiciens briguant la même sinécure ou deux voyous sur le point de s'étriper tombent dans les bras l'un de l'autre en se disant qu'ils sont frères, pris dans une tempête commune, et que, sauf sur le radeau de la Méduse, les naufragés doivent plutôt se venir en aide que se dévorer.

Loin du malade l'idée d'imposer une obligation de résultat aux médecins appelés à son chevet puisqu'il cille à peine lorsque les successeurs de Diafoirus déclarent, comme si c'était normal, que le « pronostic vital est engagé » ou évoquent « un état critique » ne présageant rien de bon.

Et je laisse de côté les cas où le patient si bien nommé s'entend dire, parlant à sa personne, qu'il n'en a plus que pour un mois. Ce type de comportement, pourtant quotidien, ne suscite aucune réaction alors qu'on a souvent fait une révolution pour moins que cela. Il n'y a guère que ceux dont la justice a ordonné l'exécution capitale pour implorer « encore une minute, monsieur le bourreau ! » Et les innocents n'introduisent aucun recours en grâce lorsqu'ils se savent condamnés.

Cette passivité doit également s'expliquer par l'attitude des jeunes générations qui admettent la mort sans se sentir concernées. Et aussi par l'impatience des héritiers qui trouvent sinon anormal, au moins inconfortable, d'attendre d'être à la retraite pour entrer en possession de la fortune de parents ne les ayant pas toujours aidés à s'établir et qui seront d'autant plus regrettés qu'ils ne se seront pas démesurément accrochés.

Pour l'heure, les actuaires ne semblent pas avoir réfléchi à la situation démographique nouvelle qu'entraîneraient l'arrêt des décès et la poursuite des naissances. À partir de quel nombre de survivants la Terre deviendrait-elle invivable ?

Enfin, la principale raison de ce fatalisme universel est claire et historiquement vérifiée. La mort ne provoque aucune panique tant qu'elle est échelonnée et se manifeste au coup par coup. Il n'en est pas ainsi lorsque se déclare une épidémie ou une pandémie. Imaginez l'affolement si le couperet tombait à date fixe sur l'ensemble des représentants d'une génération !

Bien portant, je croyais moins en la médecine lorsque je voyais passer le convoi d'un grand professeur. Surtout lorsque je savais qu'il avait succombé à la maladie dont il était devenu le meilleur spécialiste. J'imaginais les confrères embarrassés, réunis à son chevet et peut-être ce privilège d'inconscience faisant qu'en dépit de toute sa science, il ne s'était jamais senti perdu.

De la même façon, rien ne m'attristait davantage que le trépas d'un multimilliardaire. Sa fortune internationale lui avait sans doute permis d'aller consulter aux quatre coins du monde les principales sommités. Avait-il, grâce à son argent, gagné quelques années ou s'était-il éclipsé aussi rapidement qu'un pauvre ?

Question identique chaque fois que disparaissait un chef d'État dans l'exercice de ses fonctions. Avait-on essayé désespérément de prolonger le potentat ? Ou bien ses ennemis politiques, désireux de prendre sa place, avaient-ils soudoyé son entourage ? Je pensais à la fin solitaire de Staline, abandonné par des médecins qu'il terrorisait tellement qu'ils n'osaient pas assister à son agonie. Il faut croire que la santé et la politique entretiennent des liens pervers puisque les grandes puissances espionnent l'intimité des dirigeants d'autres pays et, une fois la maladie grave décelée, se tiennent au courant quotidiennement de son évolution. Admettons cependant que le secret médical peut être bien protégé puisque les rumeurs sur le cancer de François Mitterrand, antérieur à son premier septennat, attendirent la moitié du second pour sortir de la circonférence du premier cercle. Pour un Charles de Gaulle, mort en trois minutes en faisant une réussite sur la table de la salle à manger de sa retraite de Colombey, que d'efforts déployés pour allonger les règnes et les souffrances !

La condamnation de l'acharnement thérapeutique, de plus en plus à la mode, ne vaut pas pour ceux que le destin a placés au sommet d'un État. Par exemple pour Francisco Franco maintenu artificiellement en vie pendant plusieurs semaines ; Tito amputé successivement de plusieurs membres ; Georges Pompidou bourré de médicaments pour assumer ses fonctions jusqu'à l'avant-dernier jour ; Nelson Mandela et – triste champion de la catégorie – Ariel Sharon que, dans une clinique de Tel-Aviv, on maintient dans le coma depuis plus de six ans parce que personne dans le gouvernement ou dans la famille ne veut prendre la décision d'arrêter les frais.

En dépit des énormes progrès de la science, la résignation devient doctrine lorsqu'il s'agit de légaliser l'euthanasie. Une pratique ne présentant pas toutes les garanties d'objectivité et d'impartialité puisque là, comme devant les justices les plus répressives, la mort d'un être en piteux état est laissée à la diligence de vivants en pleine santé. On n'est plus au temps où Sacha Guitry pouvait dire, sans risque d'être critiqué, que « l'euthanasie est une idée d'héritiers impatients ou de soignants fatigués ». Mais quand on voit l'attachement à l'existence de nombreux grands malades et la précipitation avec laquelle des contemporains très âgés évitent les véhicules qui, sur la voie publique, pourraient les expédier instantanément dans un monde soi-disant meilleur, on s'avise mieux de la complexité du problème. Reste le souhait formel d'en finir formulé avec lucidité, et sans qu'il soit l'objet de pression, par l'intéressé.

Je n'apprécie pas l'expression « fin de vie ». Elle ne s'embarrasse pas plus d'humanité que de litotes. Mais elle est proférée voire assénée à côté du lit des grabataires de la même manière que l'arrivée du prêtre avec ses derniers sacrements n'annonce pas au malade une amélioration de son état.

En Mai 1968, certains intellos en pleine forme affirmèrent qu'ils ne voulaient pas qu'on « leur vole leur mort ». Et d'expliquer qu'ayant l'ambition de vivre pleinement toute leur existence y compris les derniers instants de celle-ci, ils réclamaient qu'on leur dise la vérité et qu'on les informe avec autant de précisions que possible du terme de leur séjour ici-bas. Ces militants ont disparu, leurs successeurs se font plus discrets mais l'interrogation demeure : faut-il dire la vérité aux malades ?

Pour répondre, deux catégories de praticiens s'affrontent : le docteur Tant-Pis et le docteur Tant-Mieux. Le premier, au nom de la franchise des relations entre soignant et soigné, soutient qu'on ne doit rien cacher à des patients très atteints. Le second répugne à cette brutalité et pense – parfois avec raison – que le pire n'est jamais sûr.

Curieusement, dans ce débat, aucun spécialiste n'évoque l'action placebo et maintes fois constatée du moral sur l'aptitude d'un organisme à faire face à la maladie.

Ces derniers temps…

... Je n'avais pas trop le moral. Je sentais rôder la camarde.

... Il m'arrivait, alors que j'étais assis tranquillement dans mon bureau ou que je considérais un joli panorama, d'être victime d'une hallucination spéculaire sous forme du passage d'un cercueil que j'identifiais comme le mien, monté sur roulettes ou porté à bras d'homme.

... Parfois j'imaginais qu'un nouveau docteur Faust venait d'inventer un élixir de jouvence assurant un rabiot de plusieurs décennies d'existence. Mais sans pouvoir mettre sur le marché plus de dix mille doses pour une clientèle potentielle, rien qu'en France, d'au moins vingt millions de demandeurs. Sur quoi se baserait-on alors pour établir la liste des bénéficiaires ? Sur la fortune ? Sur les relations ? Sur le profil socioculturel ? Sur l'état physique et mental ? Au risque, dans la première hypothèse, de transformer les quartiers résidentiels en villages de prolongés.

... La nature est mal faite et la science impuissante qui ne permettent pas encore à l'être humain de changer après un long usage d'enveloppe corporelle lorsqu'il est lassé de celle-ci. On transférerait le cerveau d'une vieille tête à une plus jeune et plus agréable à regarder comme on le fait d'une puce d'un ordinateur à l'autre.

... Conscient d'une menace qui se précisait, j'aurais bien appelé à l'aide. Mais qui ? Et en quels termes ? Sachant que « Je vais mourir, sauvez-moi ! » aurait fait fuir tout le monde.

... Ceux qui auraient pu me secourir l'auraient-ils voulu ? Et ceux qui l'auraient voulu, en auraient-ils été capables ? Est-ce qu'à ma demande ils ne m'auraient pas fait remarquer que, comparativement à des millions d'autres disparus, je bénéficiais déjà de belles prolongations ?

... Je n'ignorais pas que chaque jour qui passait était à la fois un jour de gagné de survie et un jour perdu de vie.

... Mon sens de la propriété s'était émoussé en même temps que les autres. Je n'avais plus la certitude de posséder mes maisons mais seulement l'impression, au terme d'un viager conclu avec le Diable, d'en être l'usufruitier.

Deuxième partie

APRÈS

CLAP DE FIN

Rude matinée. Je n'ai pas eu le temps de souffler.

Tout a commencé très tôt à la demande du curé devant faire face à un engorgement consécutif à l'apparition d'une nouvelle souche grippale. Peut-être tué selon l'ordre alphabétique, j'ai ouvert les feux.

Ainsi que l'exigent les préséances funèbres, je serais arrivé le dernier à Saint-Ferdinand-des-Ternes si, comme à leur habitude, quelques confrères n'avaient pas eu du retard. On a commencé la cérémonie sans les attendre. Pas grave. Car sans doute s'agissait-il de mécréants incapables, comme moi (mais ça n'avait plus d'importance), de faire correctement un signe de croix ou de comprendre à quel moment de la messe il faut se lever.

L'église était comble. Mais j'ai cru remarquer que les bas-côtés accueillaient surtout des dévots ordinaires qui doivent venir prier tous les matins. Alors que j'avais stipulé, par peur du feu, qu'on m'évite la seconde mort de la crémation, presque tous les people et assimilés portaient des verres fumés. Les autres offraient un visage buriné par la peine ou déformé par l'ennui.

Car je le savais bien avant d'être le bénéficiaire de ce rituel, rien n'est plus fastidieux qu'un enterrement. Au moins ai-je eu tout le temps de procéder à une revue de détail de mes accompagnateurs : le chanoine mandaté pour officier, un jeune abbé athlétique dont le vœu de chasteté doit être souvent menacé par les assauts des paroissiennes et, parce que la plupart de mes contemporains m'avaient précédé, une assistance assez jeune.

Ah ! J'allais oublier : au premier rang un copain qui, voilà plusieurs décennies, avait appartenu pendant deux mois à un gouvernement et à qui on donnait toujours du « monsieur le ministre ». Celui-ci arborait l'air plutôt réjoui des anciens notables quand on les sort de la naphtaline. Comme il serrait la main à tout le monde, il avait l'air d'être de la famille.

Une très vieille actrice dont, dans notre jeunesse commune, j'avais pincé les fesses, s'était instinctivement rapprochée d'un confrère, titulaire de la rubrique spectacles dans un grand quotidien, avec l'arrière-pensée de lui confier son absence totale de projet. Au geste qu'elle faisait en joignant sa main à son oreille, on comprenait qu'elle attendait toujours qu'on lui téléphone.

C'est bizarre, un enterrement. On cherche en vain certains proches et l'on découvre des gens qu'on ne connaissait pas. Comme l'organiste était un ancien jazzman, la partie musicale fut très dansante. Puis vinrent les discours. Le dernier survivant de la classe de première du lycée Rollin rappela mes échecs au bac sans que je puisse lui répondre que son parchemin de Sciences-Po ne l'avait pas empêché d'être un peu con. Le chanoine, lui, se félicita que j'aie retrouvé enfin le chemin de l'Église où, crut-il bon de préciser, on ne m'avait vu que pour mon baptême puis pour mon mariage.

La plupart des assistants avaient sorti leur mouchoir mais le geste s'expliquait davantage par les rhumes que par le chagrin. C'est alors qu'avec l'assurance que donne une pratique quotidienne, un jeune reporter de la radio s'empara du micro. Après avoir cité de mémoire quelques-unes de mes collaborations, il souligna qu'une partie de la difficulté rencontrée par les brillants élèves sortis des écoles de journalisme s'expliquait sans doute par l'entêtement de certains vétérans, même pas diplômés, à jouer les prolongations.

Un petit restaurateur du quartier, où je n'avais dîné qu'une seule fois, y était allé de son hommage, rappelant en conclusion qu'il proposait un menu à 25 euros.

Mes employeurs étaient représentés par un directeur financier que je reconnus à l'air de méditation profonde qu'il afficha en fermant les yeux au moment de la quête.

En fait, les plus grands regrets se lisaient en lettres d'or sur le ruban ceinturant les gerbes déposées sur le cercueil, au risque d'occulter mon ultime vision du monde des vivants. Les voisins de l'immeuble s'étaient fendus d'un coussin qu'on déposerait sans doute tout à l'heure, sans que j'aie le droit d'y reposer ma tête.

Faute de vrais thuriféraires, l'abbé athlétique m'encensa rapidement tandis que, au premier étage, le jazz-man improvisait sur un thème de Duke Ellington.

Dehors, un orage avait éclaté et les parapluies remplaçaient les lunettes de soleil. Trempé par l'averse, le plaisantin de service qui avait déjà dit en regardant sa montre tandis qu'on m'attendait sur le parvis « Pourvu qu'il ne lui soit rien arrivé ! » et qui, au cimetière, murmurerait « Allez les vers ! », résuma la situation par l'une de ces formules qui lui tenait lieu de talent :

— J'ai rarement vu des obsèques aussi mouillées…

Les porteurs m'installèrent dans le corbillard avec les ahanements fatigués des livreurs de sac de farine. Derrière moi, il y avait déjà moins de monde qu'à l'église et le climat était plus détendu en vertu de ce postulat selon lequel moins les grandeurs d'une vie qui s'est achevée ont été nombreuses et plus vite reviennent les petitesses de la vie quotidienne.

Sur le trottoir – averse oblige – personne ne se découvrit à mon passage. Dommage. J'aurais aimé être salué pour la première fois par le boucher qui ne me refilait que les bas morceaux sous prétexte que « la presse, c'est de la racaille ».

Mon dernier travelling touche à sa fin. J'essaie de profiter au maximum de mon nouvel environnement : les boutiques des petits commerçants de la mort qui entourent le cimetière et, une fois franchi le portail en fer forgé assez beau, la courte allée (ça incitera peut-être certains cousins variqueux à venir me visiter) menant à mon ultime refuge.

Un coup de frein brutal m'explique pourquoi les cercueils sont si souvent capitonnés. On me descend aussi péniblement qu'on m'a hissé. Ma légère surcharge pondérale n'est pas en cause. Le bois d'excellente qualité du cercueil et les options métalliques nombreuses ajouteraient à mon poids. La fosse est là, béante.

Tout étant préparé pour me recevoir, j'évite la petite humiliation du dépositoire où l'on attend, parfois plusieurs jours, que la sépulture définitive soit aménagée. Impossible de vérifier la grosseur des caractères de mon nom qui fut si longtemps mon obsession et l'exactitude de ma date de naissance car la dalle de marbre est relevée.

Choc du bois contre la pierre. Ma nouvelle vie commence mal. On me jette des fleurs et des cailloux afin qu'à leurs bruits j'aie une conscience exacte de ce qui m'arrive.

L'ancien ministre grommelle quelques phrases au fil desquelles, oubliant mon immobilité forcée, il verse un pleur sur la volatilité du corps électoral. Tout le monde me tourne le dos et s'en va, lentement mais sûrement. Je ne distingue plus que la silhouette décharnée et rabougrie d'une petite vieille que je n'avais pas remarquée à l'église. S'est-elle trompée d'enterrement ? A-t-elle fait un crochet, par curiosité, après avoir été prier sur la tombe d'un voisin ? Son grand âge autorise une autre hypothèse. Et si c'était mon premier flirt ? Ne serait-ce pas le spectacle le plus émouvant de la journée que cette fidélité au souvenir du plus maladroit des baisers ?

Dehors, c'est-à-dire dans la rue où je ne déambulerai plus jamais, la symphonie des clés de contact et tuyaux d'échappement m'apprend que, pour la première fois – et ce n'est pas la dernière – la famille est allée déjeuner sans moi.

Le choix entre le feu et la terre

La dernière étape visible d'une existence dépend de la tradition locale, de la religion des survivants encore davantage que de celle du défunt, des moyens de la famille et de l'importance donnée à l'ultime signe extérieur de richesse et de notoriété. Dans certains pays, comme l'Inde victorienne, les veuves joyeuses n'avaient pas droit de cité puisque, encore vivantes, elles rejoignaient leur défunt époux sur le bûcher. Chez nous, la vogue croissante de la crémation (et son acceptation par l'Église qui ne paraît plus se soucier de l'apparence des ressuscités) a induit de nouveaux comportements et créé des situations nouvelles, surtout depuis que la législation a fait passer l'urne du dressing de la veuve au « jardin du souvenir ». Il est également possible de faire disperser ses cendres en mer comme Jean Gabin (les obsèques peuvent alors se combiner avec une partie de pêche) ou sur le Forum de Rome entre les pierres du temple de Portunus comme Henry de Montherlant ou sur le gazon de la villa familiale comme ce fut le cas de la fille de Georges Simenon.

La terre continue cependant à tenir le haut du pavé. Terre, qui dans le monde arabe, peut recevoir, sans autre enveloppe que le suaire, le corps du défunt. Terre chrétienne où, par appréhension des complications, on entrave toute velléité d'évasion par la double précaution d'un cercueil cadenassé et d'une lourde pierre tombale.

Si la cérémonie est bien organisée, chaque travée, outre la famille proche ou lointaine, correspond à une strate de l'existence du héros involontaire de la fête : conjoints successifs, enfants naturels, employeurs, collègues de bureau, voisins d'immeuble, fournisseurs. Les anciennes amantes ont beau baisser leurs paupières, elles sont surtout venues voir quel nombre elles seraient. C'est en ce type d'occasion et dans ce genre d'assemblée qu'a dû se forger la formule populaire « Les absents ont toujours tort ».

Ainsi qui, de son vivant, fuyait les mondanités, est-il contraint après sa mort d'y participer. Avec pour seule consolation de penser (s'il y parvient) que les fâcheux troquent les petits fours contre des hosties lorsqu'il s'agit de pousser un contemporain vers l'éternité.

Si les condoléances constituent la principale figure imposée du rituel, elles requièrent moins d'imagination dès lors qu'on a prévu des registres à cet effet. Nul besoin de feindre une émotion qu'on n'éprouve pas. La phrase la plus courte et la plus banale convient et l'on peut se sauver ensuite comme un voleur sans embrasser des gens auxquels le reste du temps on se contentait de serrer la main. Autrement, il faut se fendre de formules encore plus affligeantes qu'affligées : « Je n'en reviens pas ! » (lui non plus) ; « Je le croyais immortel » (c'est plus drôle pour un académicien) ; « Si vous avez besoin de quoi que ce soit » (n'hésitez pas à vous adresser à quelqu'un d'autre) ; « Je partage votre chagrin » (pas certain qu'il soit assez gros pour deux) ; « C'est un triste jour » (je me suis beaucoup ennuyé pendant la messe).

Tandis que résonnent les grandes orgues, il doit parfois se trouver, parmi les nouveaux défunts, un rebelle pas tout à fait K.-O. venant de s'apercevoir à la fois qu'il n'est pas tout à fait mort et de l'impossibilité de communiquer la bonne nouvelle à ceux qui sont en train de le pleurer. Mais ces derniers seront trop absorbés par leur méditation pour détecter un léger mouvement là où une longue expérience garantit l'immobilité parfaite. D'après les statistiques dont je dispose et qui ne reposent que sur l'autosondage, un tiers des assistants tente de se souvenir du défunt. Un autre tiers anticipe en songeant à ses propres obsèques. Le tiers restant se partage entre ceux que taraude une inquiétude personnelle, ceux qui se demandent où et avec qui ils iront déjeuner et ceux que la vue d'une paire de jambes gainées de noir distrait de leur peine. J'ai été de ces derniers et j'en ai honte.

Le jour de l'enterrement d'un grand-père que j'aimais beaucoup, au lieu de songer à lui, je ne cessais de regarder ses jolis boutons de manchette en or dont ma mère avait décidé sans attendre qu'ils constitueraient ma part d'héritage. C'était mes premiers bijoux. J'en étais très fier et durant tout le service religieux, j'élevai vers le ciel, comme pour une prière, deux poignets qui révélaient ma nouvelle richesse.

Obsèques d'un grand patron à Notre-Dame de Paris. À 8 heures du matin, moment où, rituellement, il donnait ses premiers rendez-vous de la journée. Son cercueil, arrivé en dernier, est reparti le premier. Comme s'il n'avait pas abandonné son goût pour les préséances et l'activisme forcené qui lui interdisaient de perdre une minute d'un temps qui se confond désormais avec l'éternité.

S'il existe une corporation stoïque devant le trépas, c'est bien celle des pompes funèbres à laquelle la mort permet de gagner sa vie. Avec des tarifs qui, lorsqu'il s'agit de familles modestes, font des entrepreneurs les principaux héritiers du défunt.

En entrant dans leur boutique, on comprend que la compassion fait partie de l'argumentaire, que les confréries charitables qui, dans le nord de la France, se chargent gracieusement des inhumations, sont perçues comme une concurrence déloyale et que le préposé vêtu de noir et à l'air grave n'est pas rongé par l'angoisse métaphysique. On se demande même lorsqu'on le rencontre en dehors de ses heures de travail s'il sait qu'un jour son tour viendra aussi ; mais peut-être que son air réjoui s'explique alors par la certitude de pouvoir bénéficier, le moment venu, de tarifs préférentiels.

Les entrepreneurs de pompes funèbres et leurs salariés se divisent en trois catégories :

– Ceux qui vendent. Ils facturent chaque cierge comme le traiteur chaque petit four et qui, à l'exemple de ces derniers, poussent eux aussi à la consommation en recommandant l'*Aria* de Jean-Sébastien Bach exécutée (c'est le mot) par Mlle Lelongbec laquelle, à l'orgue, essaiera de couvrir les voix de fausset d'une manécanterie amie. Ils recommandent pour le transport la location d'une limousine surpuissante alors que le convoi ne dépassera pas trois kilomètres à l'heure. Ils vantent le moelleux d'un capiton dont ils n'ignorent pas qu'il ne survivra pas davantage que celui dont il est chargé d'assurer le confort (*sic*). Sur leur catalogue figurent les gadgets ayant remplacé les draperies mortuaires et permettant d'entendre la voix du défunt pendant une cérémonie où jusqu'à présent le mutisme du principal intéressé constituait la règle.

Depuis que Léon Zitrone a enregistré son dernier adieu diffusé avant l'absoute, le progrès autorise d'ajouter l'image au son. Dans certaines nécropoles huppées, un appareil posé sur la dalle de marbre et qu'il suffit de décrocher, sans bourse délier, contrairement aux musées, donne la parole au locataire du caveau se présentant lui-même, rappelant ses origines, ses études, la profession qu'il a exercée, ses succès et la nature de la maladie qui l'a emporté.

– Ceux qui livrent. On les recrute pour leur « bonne présentation », leurs traits réguliers et une sensibilité n'attendant que l'occasion pour s'exprimer à fleur de peau. On peut dire à cet égard que l'ordonnateur est le garant du bon déroulement d'un spectacle dont le dernier acte est beaucoup moins risqué depuis que la traction automobile a remplacé la traction hippomobile, les chevaux-vapeur s'emballant moins facilement que leurs prédécesseurs dans les allées du cimetière. L'ordonnateur est un modèle de sobre élégance. En l'honneur de ses clients, il affiche un deuil que désormais la plupart des familles se croient dispensées de porter.

Les badauds qui, par désœuvrement et curiosité, suivent le convoi de quelqu'un dont ils ignorent l'identité ne cachent pas leur nostalgie des longs voiles noirs de veuve qui se mariaient si harmonieusement avec leurs yeux rougis et des décorations qui brinquebalaient sur la poitrine des anciens combattants.

Mine de rien, durant les obsèques, l'ordonnateur est seul maître après que Dieu a fait son œuvre. Même s'il s'agit d'enterrer un personnage de haut rang, il commande à la troupe formée par la famille et les amis, de la même façon que, selon le protocole militaire et sans tenir compte des grades, le personnel transporté est subordonné au personnel transporteur. Connaissant par cœur le code du grand départ, il veille au respect de l'horaire, des convenances, à bien placer dans l'église les gens importants. Il guide la veuve et cornaque les orphelins. Son leitmotiv est simple et articulé sur un ton feutré « Par ici, la famille, s'il vous plaît ». Son emploi exige de l'expérience, une amabilité discrète et la maîtrise de soi indispensable à la direction des autres. Mais on l'admire surtout pour son sens du détail. Car il a l'œil à tout, allant jusqu'à surveiller le goupillon d'argent, propriété de son employeur, afin que nul kleptomane ne s'en empare.

Quand l'enterrement vire à la tragicomédie musicale, il devient metteur en scène. Je me souviens des obsèques de Thierry Le Luron en l'église de La Madeleine. Les membres du gouvernement, dont il s'était tant moqué, présents au grand complet, avaient été placés selon les préséances du Conseil des ministres du mercredi matin.

Je n'ai pas oublié non plus les adieux à Francis Bouygues où un programme imprimé des discours et des musiques était posé sur chaque prie-Dieu.

Parfois, l'ordonnateur jette sa cravate noire par-dessus les chrysanthèmes et réussit une seconde carrière. Ainsi en fut-il de François André, venu de son Ardèche natale pour faire fortune à Paris, devenu plus tard empereur des palaces et des casinos. Comme il était fort bel homme et possédait en même temps qu'une voix grave, le secret des formules apaisantes qu'il devait plus tard employer auprès des joueurs ruinés par ses tapis verts, il passa trois années à diriger des obsèques. Milliardaire et familier des grands de ce monde, il ne se départit jamais de cette autorité bienveillante et calme qui lui avait valu son premier emploi. À propos de celui-ci, il m'avoua un jour que la fortune avait commencé à l'effleurer de son aile lorsque, encore ordonnateur, il avait eu l'idée d'emmener, dès la fin de l'inhumation, les familles déshydratées par les pleurs au bistrot installé en face du cimetière et dont le patron reconnaissant lui allouait un pourcentage sur chaque tournée.

– Ceux qui creusent. Les fossoyeurs forment la piétaille du métier. Étrangers aux nouvelles technologies dont, moitié par tradition moitié par économie, on n'a pas cru devoir les doter, ils continuent à aménager de leurs mains calleuses les fondations des dernières demeures. Travaillant toujours dans l'urgence même si le « client » était au plus mal depuis plusieurs années, leur seul moment de répit est celui où, le menton prenant appui sur le manche de leur pioche, ils traitent de « bêcheur » le Conservateur qui, comme chaque jour, gagne son bureau sans même leur adresser un signe. Une fois la fosse préparée, ils s'égaillent comme un vol de corbeaux. Les porteurs ferment la marche en pestant *in petto* contre la suralimentation des bourgeois sans laquelle la tâche leur paraîtrait moins lourde. Je ne m'attarderai pas sur le préposé à la descente toujours aussi malhabile lorsqu'il s'agit d'éviter de cogner le cercueil, trop économe de l'huile chargée de graisser la poulie.

Quand on est condamné au repos éternel (vous parlez d'un repos ! quel plaisir peut-on trouver dans une sieste qui ne finira jamais ?), les seules distractions sont fournies par l'arrivée de nouveaux pensionnaires.

On ne s'en lasse jamais. D'abord parce qu'on ne peut s'empêcher de comparer la classe des obsèques et l'affluence des participants avec celles dont on a soi-même bénéficié. Ensuite parce que certains discours prononcés devant une tombe béante par un quidam qui, visiblement, ne trouve que cette occasion pour s'exprimer, valent leur pesant d'encens. Enfin, avec le temps, nous avons appris à distinguer entre la famille, les amis, les voisins et les collègues de bureau. Si tous affichent – hors lunettes noires – le même chagrin, les arrière-pensées diffèrent. Les uns pensent à l'appartement qu'ils vont récupérer sans encore savoir s'ils l'occuperont, s'ils le loueront ou s'ils le vendront. Les autres s'interrogent sur le montant (pas encore révélé par le notaire) du compte en banque. Pour les plus affectés, l'inhumation est vécue comme la bande-annonce ou la répétition générale de la leur. J'en soupçonne certains de saisir l'occasion d'en savoir davantage sur la vie privée de celui ou de celle qui n'a plus de vie du tout. On reconnaît les anciens amants et les vieilles copines à ce qu'ils se tiennent à distance respectueuse du veuf ou de la veuve et s'éclipsent au moment des condoléances. Ce qui n'empêche pas le défunt d'avoir été bon mari, bon père, bon grand-père, bon employé, bon patron tant il est vrai que, ce triste jour-là, il n'y a que la poulie qui grince. On identifie les marathoniens du deuil, ceux qui n'ont pas raté un épisode, à ce que l'envie de faire pipi ou la faim les font déguerpir dès la première pelletée de terre.

Tout à l'heure à l'église, on s'adressait au défunt comme s'il était encore capable d'entendre. Quelques minutes plus tard au cimetière et avant de lui tourner le dos, on termine par un « ainsi soit-il » (comment en serait-il autrement ?) et basta !

Face à la vie chère, la mort est une économie

La Grande Faucheuse est douce pour les petits fauchés qui, jusqu'à la fin du monde, n'auront plus de problème de fin de mois.

On ne le remarque pas suffisamment tant qu'on en bénéficie : l'existence humaine est un luxe hors de prix. D'abord ces trois repas quotidiens au cours desquels on s'évertue à associer nutrition et plaisir. Ensuite, la satisfaction de tous les besoins différenciant le civilisé du sauvage : habillement, longues études, habitat couvert, véhicules variés. Enfin, la réparation de plus en plus coûteuse au fur et à mesure – si l'on adopte la métaphore des ateliers de garage – que la valeur vénale du « réparé » diminue. À quoi s'ajoutent l'acquittement des impôts, des taxes et des loyers, les sorties, les vacances et, sous l'appellation de « standing », ce qui satisfait notre désir de paraître et de montrer qu'on mène plus grand train que nos voisins. Toutes dépenses récurrentes depuis que les fabricants de biens dits de consommation sont passés de l'obsolescence calculée à l'usure programmée.

À partir d'un certain âge, le budget affecté aux interventions médicales et chirurgicales paraît d'autant plus exorbitant qu'il ne fait que différer de quelques mois l'irréparable.

Je recommande donc la mort à tous les avaricieux. Un cercueil est le contraire du tonneau des Danaïdes. Plus de repas, plus d'habits (au moins tant qu'on n'aura pas lancé une mode pour les squelettes), plus d'études puisque le seul diplôme exigé à l'entrée est le certificat de décès, plus de sorties, plus de vacances. Juste un pot de chrysanthèmes par an. Quant à la concession à perpétuité, même achetée dans une nécropole résidentielle, elle semble dérisoire pour peu qu'on la divise en autant de siècles qu'il s'en écoulera jusqu'à la fin du monde.

Qu'importe qu'au-delà des grilles, la facture du gaz augmente puisqu'en deçà, la fermentation est gratuite. Pas davantage de frais de transport une fois que le corbillard est reparti. Quant au tape-à-l'œil, il se limite à un marbre beaucoup moins coûteux que celui dont on disposait dans sa salle de bains.

La plus grosse économie concerne toutefois l'habitat. Non seulement il est réduit à la portion congrue pour ceux qui logeaient dans 500 m^2 mais encore il est unique puisque les défunts les mieux nantis perdent leur droit à une résidence secondaire.

Autant dire que la mort est à la portée de toutes les bourses. Les désespérés le savent qui, pour le seul prix d'un bout de corde, effacent toutes leurs dettes et auxquels l'épaisseur de la dalle épargnera ensuite tout découvert.

Reste la notion de confort. Elle disparaît totalement dès lors qu'on semble être – peut-être à tort ? – incapable d'en profiter. On peut cependant appréhender le moment où un gouvernement, en quête de recettes fiscales, imposera chaque année les morts au prétexte qu'ils immobilisent quelques mètres carrés alors qu'ils n'apportent plus rien à la collectivité.

J'AI ABSORBÉ DIX FOIS MON POIDS EN MÉDICAMENTS

Heureusement que l'organisme humain élimine, sitôt ingérées, toutes les saloperies imaginées par les laboratoires pour composer leurs « spécialités ». Sinon les quatre costauds affectés à la tâche n'auraient jamais pu décoller de terre la belle boîte de chêne cirée ni l'élever de quelques centimètres avec précaution avant de la laisser retomber *in fine* afin d'aller s'en jeter un derrière la cravate noire.

Toute ma vie, j'aurai confié au corps médical mon enveloppe corporelle et le bazar de tripes qu'elle contenait. Gentils médecins, charmants chirurgiens qui m'ont palpé, examiné avant d'émettre un diagnostic et de chercher dans le *Vidal* la potion magique ou de me prélever, je suppose pour l'exhiber dans une vitrine de leurs musées personnels, un morceau de bidoche. Les praticiens, qui savent qu'ils sont encore impuissants à changer notre destin, en arrivent à considérer comme une victoire quelques jours de douleurs supplémentaires. Mais ils sont courageux. Surtout ceux qui, nonobstant leur fréquentation quotidienne des microbes et des bactéries, ne prennent pas le temps de se laver les mains.

La médecine expectante – celle qui laisse faire la nature sans intervenir – existe. Ses bienfaits sont reconnus. Mais on n'a pas ouï-dire qu'elle donnait lieu à un enseignement spécial dans une faculté ni que son exercice soit assorti d'un diplôme particulier.

De même, on chercherait en vain sur une place publique la statue du bon docteur Placebo qui a sauvé tant de vies humaines avec sa poudre de perlimpinpin et ses cachets en mie de pain. Le jargon des disciples d'Hippocrate sacrifie tantôt à une précision cruelle, tantôt à des formules euphémiques. Ainsi, lorsque l'un d'eux dit d'un de ses patients : « Il est un peu fatigué », doit-on comprendre qu'il n'en a plus pour longtemps ? J'aime à croire que l'emploi du mot « fatigué » est délibéré et qu'il aide le savant professeur à se féliciter que son client ait ensuite tout le loisir de se reposer. De même, ne faut-il pas voir une astucieuse logique dans la tradition qui veut qu'en cas de gros pépin pendant une opération, ce soit l'anesthésiste qui informe la famille que le patient ne se réveillera pas ?

Le pharmacien est le premier et indispensable auxiliaire du médecin. Sa fibre commerçante n'a pas étouffé complètement sa vocation médicale et il n'est jamais aussi fier que lorsqu'on sollicite de lui des conseils qu'il s'abstiendra de facturer. Doué d'une mémoire prodigieuse qui lui permet d'aller droit au quinzième tiroir recélant dans le fond de son arrière-boutique un antispasmodique qu'on ne prescrit plus depuis vingt ans, il connaît par cœur les noms fantaisistes, souvent inspirés du latin, que les chercheurs donnent à un remède lorsqu'ils l'ont trouvé. De surcroît, le successeur de M. Homais est un graphologue capable de déchiffrer tous les hiéroglyphes pour peu qu'ils figurent sous la mention « Ancien interne des hôpitaux ». Naufrageurs de la Sécu dans un premier temps et avant que les gouvernants comprennent que les remboursements pouvaient être fonction inverse des cotisations d'assurances, il est aujourd'hui son sauveur.

En ai-je avalé de ces cachets, de ces liquides faisant la nique à la maladie ! Parfois, dès le petit déjeuner, une demi-douzaine de comprimés de taille, de couleur et de finalité très différentes. J'ai admiré que chacun de ces médicaments ingurgités ensemble se sépare des autres et trouve, sans se tromper, le chemin de l'organe qu'il est censé soulager. J'ai aimé les vitamines qui avaient un goût d'orange. Le jus de pruneaux laxatif m'a rappelé mon enfance. J'ai mis – toujours dans le bon orifice – des collyres dans les yeux, des gouttes dans les oreilles, des granulés homéopathiques sous la langue et des suppositoires là où vous pensez. Ils ne m'ont pas toujours fait du bien mais ils m'ont rarement fait du mal. J'ai été douloureusement surpris que, vers la fin, ils soient de plus en plus inefficaces, tout en croyant savoir que certains poisons ont la vie plus dure que celle des gens qu'ils ont empoisonnés. Ainsi s'est-il confirmé deux siècles après sa disparition qu'il y avait dans les cheveux de Napoléon Ier des traces d'arsenic, sans doute cadeau de la Perfide Albion.

Au total, j'aurai consommé des centaines de remèdes enveloppés dans un nombre égal d'ordonnances. Tous produits qui ont aidé plus de laborantins à vivre qu'ils n'ont empêché de malades de mourir. Merci quand même.

CHANGEMENT D'ADRESSE

Le premier jour de la mort est le plus dur à vivre. Vivant, on s'interrogeait sur ce qu'on allait manger. Défunt, on se demande qui va vous manger. Ce qui est insupportable, surtout quand on a fait une carrière de journaliste, c'est de ne plus être au courant de rien. Et notamment des nouvelles avancées médicales qui, expérimentées un peu plus tôt sur des êtres humains et non pas sur les rongeurs qui sont mes nouveaux compagnons, eussent peut-être prolongé ma vie.

Le deuxième jour, détestant l'oisiveté, j'ai pris des notes.

« Je suis mort avec la sensation très nette, moi qui m'étais tellement plaint de la répétitivité de l'existence, de faire ça pour la première fois de ma vie.

Je souhaiterais rappeler à mes amis possédant assez de mémoire pour se préoccuper de la mienne et informer les inconnus ayant une heure à perdre que ma nouvelle adresse se situe désormais au 36 boulevard de Clichy à Paris à la frontière du XVIIIe arrondissement et de l'au-delà, qu'ils trouveront porte close à partir de 18 heures mais qu'aux heures ouvrables je serai toujours là et que j'ai perdu mon habitude de déménager.

Ceux qui, par désœuvrement, me feront une petite visite et qui ne voudraient pas se présenter les mains vides, doivent savoir que j'ai horreur des chrysanthèmes et que je raffole du chocolat. Mais pas noir car ça fait deuil.

Je me sens désormais en famille à Montmartre. Cela aurait été une bénédiction – fût-ce sans prêtre – qu'on m'inhume dans mon jardin. À condition, comme le stipule la loi, que le terrain soit stable et que la propriété ne soit pas susceptible d'être vendue. Je serais l'alibi d'une promenade apéritive quand mes enfants recevraient des amis : "Et si on allait dire un petit bonjour à l'ancêtre ?"

Quel gâchis de m'avoir expédié vers l'au-delà dans un complet tout neuf ! Ils ont dû donner mes vieux costumes aux chiffonniers d'Emmaüs qui ne les ont pas portés eux-mêmes, moitié par altruisme, moitié par peur du ridicule.

L'homme prendra ses vacances dans le cosmos sans que ça change ma situation souterraine.

Plaignons les gens dont la bonne santé perdure malgré l'âge et qui, de ce fait, ignorent de quoi ils mourront un jour.

Projection dans le futur : mon passé va s'augmenter de cent ans par siècle.

Je voudrais faire remarquer aux patrons de l'audiovisuel que, allongé dans mon caveau, je dispose de beaucoup plus de temps sinon d'autant de salive pour tenir le crachoir radiophonique. Je songe à une série d'émissions dont le titre me paraît de nature à fédérer un vaste auditoire : "Ici l'Ombre. Un défunt parle aux condamnés à mort."

Certaines veuves viennent chaque jour sur la tombe de leur mari. C'est vrai. C'est émouvant. Mais elles parlent surtout aux géraniums.

Mes voisins immédiats sont, par le plus grand des hasards, Pierre Brisson, grand patron du *Figaro* auquel je dois une bonne part de mon parcours, et Jean-Claude Brialy que j'ai connu sur une plage cannoise alors qu'à 20 ans il était "starlet" au Festival puis que j'ai retrouvé en d'innombrables occasions professionnelles ou privées.

Si la saturation des nécropoles conduisait l'administration à organiser un examen d'entrée, je proposerais que les candidats commentent cette simple phrase : "La mort des uns arrange la vie des autres."

Que sont devenues mes petites affaires ? Les grandes, vers la fin, ne m'appartenaient plus vraiment.

L'inhumation est l'avant-dernier acte avant le néant. On est déjà mort mais on est encore entouré de vivants. »

Journal d'un ancien salarié qui ne touche plus que le fond

Première journée

Enfin seul ! Mais bien entouré puisque, d'après les renseignements fournis par le Conservateur l'an passé quand j'étais venu marauder, mes voisins furent, à des époques plus ou moins reculées, capitaine de cavalerie, avocat, négociant et même député. Cela me rassure car la qualité des défunts induit la qualité de ceux qui, venant les visiter de temps à autre, traverseront fugitivement notre petit territoire.

C'est la première fois que je m'installe dans un nouveau domicile sans donner une petite fête. Mais, comme me l'a fait dire dans un hebdomadaire satirique un jeune confrère censé saluer mon départ : « La rigolade, c'est fini ! »

Deuxième journée

Ma montre – qu'on m'a aimablement laissée mais dont la pile, rechargée par les mouvements du poignet, s'éteindra peu après moi – sonnait 9 heures quand les bruits d'une inhumation proche m'ont donné l'impression de m'avoir réveillé. Il devait s'agir de quelqu'un au mérite et aux relations très nettement supérieurs aux miens car un très long temps s'est écoulé entre l'arrivée du corbillard et le départ des invités. Qui a-t-on enterré ? L'avais-je connu ? Pas de réponse. Première frustration d'un professionnel de l'indiscrétion qui a posé des questions pendant un demi-siècle. Je ne sais plus ce qu'il se passe. Et je pressens que, compte tenu de l'éloignement de ceux qui pourraient me renseigner et du mutisme de ceux qui m'entourent, je ne saurai plus ce qui se passe. Peu importe. Car les événements dont je me repaissais n'ont eu finalement que peu d'influence sur mon destin. Je n'ai d'ailleurs pris au sérieux aucune de ces gloires que j'ai aidées à hisser sur le pavois avant de m'évertuer à les déboulonner avec encore plus d'entrain. Dans le fond (si je puis dire), tout m'indiffère hormis ce qui se passe à Montmartre.

Piétinements, bribes de conversations. La famille du nouveau pensionnaire s'en va déjeuner. Décidément, une manie chez les gens en deuil. Comme si le chagrin creusait encore plus que les fossoyeurs.

Troisième journée

Ma mise au tombeau me rajeunit qui me rappelle mon enfance quand, pour me punir d'avoir commis une grosse bêtise, on m'enfermait dans la cave.

Cinquième journée

Je n'en reviens pas de me trouver là d'où personne n'est jamais revenu. Jusqu'au bout j'avais cru – je ne sais par quel miracle – pouvoir échapper au sort commun. Pas de maladie grave. Pas de dépression. Pas d'ennemis assez vindicatifs pour m'envoyer *ad patres*. Je ruminais l'exemple du marquis de Sade épargné par la guillotine parce que les révolutionnaires l'avaient oublié dans un cachot de la Bastille. Si le doyen de l'humanité ne portait jamais longtemps ce beau titre, j'étais persuadé qu'il y avait dans chaque pays quelques privilégiés que la Grande Faucheuse n'avait jamais rattrapés et que, si l'on n'en parlait pas, c'est que la prudence leur commandait de ne pas se faire connaître.

Sixième journée

De nombreux crissements de chaussures sur les graviers me laissent à penser que c'est dimanche. Ils attestent une recrudescence des visiteurs et l'éloignement momentané d'un personnel se déplaçant plus silencieusement. Mon premier dimanche ! Est-ce que je vais continuer à les compter ? Et, dans l'affirmative, ne vont-ils pas se banaliser douloureusement alors qu'ils ne m'offriront pas plus de liberté que les autres jours ?

Neuvième journée

La mort qui m'a tout pris ne m'a pas ôté le double privilège d'avoir vécu à cheval sur deux siècles et sur deux millénaires.

Douzième journée

Le train-train, qui a repris ses droits, me rassure comme s'il changeait quelque chose à ma condition. Le choc des outils qu'ont repris les fossoyeurs annonce la venue d'un nouveau membre de notre petite communauté et confirme que, là-haut, l'hécatombe continue.

Dix-septième journée

J'ai ressenti une sensation de fourmillement qui m'a fait croire à une reprise de la circulation sanguine. Fausse joie. C'était des fourmis.

Vingtième journée

La religion a été conçue pour rassembler et soutenir les vivants. D'où son inadéquation avec ma situation actuelle.

Trentième journée

Avant, à l'occasion d'insomnies, je me demandais « Qui suis-je ? » Aujourd'hui, profitant d'un sommeil que rien ne vient plus troubler, je conjugue la question au passé « Qui ai-je été ? » Un homme singulier dans un monde pluriel. Un acharné du boulot, vite décalé à une époque où le travail a cessé d'être une valeur refuge. Résultat : bien avant d'être mort, je suis passé à côté de la vie.

La semaine d'après

Je ne peux pas me plaindre. Le cercueil est d'autant plus confortable que ces derniers mois j'avais tendance à me tasser et que je n'ai rien mangé depuis plusieurs jours. Je me souviens qu'au décès de ma belle-mère, le marchand de cercueils avait insisté sur l'imputrescibilité du bois dont on allait l'enrober, arguant qu'il demeurerait plus longtemps dans son état d'origine que sa locataire. Un blindage m'eût sans doute mieux protégé. De qui ? De personne puisque mes pires ennemis ont obtenu ce qu'ils souhaitaient. Alors, de quoi ? D'une inondation provoquée par des pluies torrentielles ou d'un incendie déclenché par le mégot d'un fossoyeur ? Je feins de m'inquiéter car il ne peut rien m'arriver de pire que de me retrouver prisonnier du sous-sol comme une taupe et à perpète.

Quarante-sixième journée

(À moins que ce ne soit quarante-six siècles après ma descente aux enfers.)

Ceux qui prétendent qu'à force de méditation on peut mieux accepter d'être rayé de la liste des vivants sont des jobards. La plongée dans l'inconnu ne se prépare pas comme un concours de natation.

Troisième mois

Bruit métallique au-dessus de ma pauvre tête. C'est celui du double verrou intérieur, mais prudemment fermé de l'extérieur, grâce auquel ma famille s'est prémunie contre un retour intempestif qui aurait créé un froid au moment de la lecture de mon testament. Ils n'ont pas lésiné. C'est de la belle serrurerie. Si elle m'en avait fait don de mon vivant, j'aurais évité bien des cambriolages. Je ressasse la vieille légende qui m'avait tant angoissé de mon vivant et selon laquelle, à l'ouverture de certains cercueils, des grattages dus à des ongles semblaient prouver qu'on avait enterré un vivant. Un médecin ami m'avait rassuré en m'affirmant que les mains étaient ce qu'un corps sans vie perdait en premier.

Quatrième mois

Moi qui ai toujours ambitionné d'avoir une vie intérieure, je suis gâté. J'ai tout le loisir de dialoguer avec moi-même, comme je l'ai fait si longtemps, par horreur de la contradiction.

Cinquième mois

N'ayant jamais reçu d'autres cadeaux que ceux que je me suis faits, je regrette de ne pas m'être montré plus généreux.

Sixième mois

Si c'était à refaire, je crois que j'opterais pour l'embaumement. Bien sûr j'y ai pensé et si je n'ai pas formulé par écrit ma demande, ce n'est pas par souci d'une dépense qui ne m'eût plus incombé. Mais je me suis souvenu d'une interview avec un spécialiste qui, poussé dans ses retranchements, avait fini par avouer qu'on avait perdu les secrets de la momification et qu'au XXIe siècle on se contentait de donner meilleure mine aux cadavres quand venaient les embrasser les familles mais qu'après l'inhumation la nature reprenait ses droits.

Septième mois

J'ai tout eu. Je n'ai plus rien. Sauf une tranquillité absolue à peine troublée de temps à autre par l'arrivée d'un parent que je voyais peu lorsqu'il était au bout du monde et que je ne verrai plus du tout lorsqu'on l'aura placé au-dessus de moi.

Neuvième mois

J'ai cru crier à plusieurs reprises « Ouvrez-moi ! » Le fait que je n'ai reçu aucune réponse pourrait accréditer que tous les autres sont morts aussi.

Onzième mois

La liste des maladies dont, mort, je n'ai plus à craindre de souffrir, m'apparaît autrement plus longue que celle des maux dont on m'avait guéri de mon vivant.

Un autre jour

La famille n'est pas revenue. J'ai juste eu la visite d'une petite araignée. J'espère qu'elle ne grossira pas trop rapidement.

Une nuit comme les autres

Le transistor, qu'on avait enfermé avec l'accro à l'info que j'étais de la même façon qu'on offrait des images érotiques aux pharaons afin de les distraire dans leurs pyramides, s'est déclenché soudainement. Après des nouvelles dont, en surface, j'eusse fait mes choux gras et qui me paraissent aujourd'hui dérisoires, un flash annonce un énorme tremblement de terre en Italie. Je m'en fiche. Je n'appréhende désormais pas davantage les catastrophes naturelles que les nouveaux microbes. La mort protège de la mort.

Deuxième année

Je suppose que mes lueurs de conscience ne doivent durer que quelques minutes. Une idée me traverse et puis fuit avant que j'aie eu le loisir de la retourner dans tous les sens comme je le faisais dans mon bureau : est-ce que je profite d'une survie de l'esprit ou d'une légère diversion créée par un mécanisme chimique ?

Troisième année

Épidémie d'inhumation dans mon « carré » et dans beaucoup d'autres divisions si j'en juge par le passage des convois. À ce train-là, Montmartre affichera bientôt complet. Que fera-t-on lorsque toutes les places de tous les caveaux seront occupées ? Faudra-t-il que le maire de l'arrondissement décide de rendre obligatoires ces « réductions » qui, en rassemblant périodiquement des squelettes jusque-là séparés, libèrent des alvéoles dans notre pauvre ruche ?

Sans doute mai 2017

J'impute les clameurs de joie qui me parviennent de la rue à la mort politique de François Hollande. Dommage que je ne sois plus en état de faire la fête.

13 mai 2017

Sarkozy se réinstalle à l'Élysée. Juppé va être son Premier ministre. Fillon et Coppé n'ont pas retrouvé leur siège de député. Tout est rentré dans l'ordre. Sans que j'aie eu besoin d'aller voter.

Quatrième année

Branle-bas en haut. Le soulèvement momentané de ma dalle doit s'expliquer par une entrée dans le club. Mais les bruits que je perçois mieux ne me renseignent pas sur l'identité de celui ou de celle qui m'a rejoint.

Cinquième année

Comme je regrette le temps où, après avoir dormi, je me réveillais…

Durant une nuit d'autant plus interminable que mes jours ne sont plus comptés

J'ai cru entendre des voix. Pas celle de Jeanne d'Arc. Mais des voix de promeneurs en goguette dans cet espace vert où la raréfaction des haleines humaines garantit l'absence de pollution. L'un des touristes s'est assis sur ma dalle et a allumé une cigarette. Mon dégoût d'un tabac qui ne peut plus me faire aucun mal persiste cependant.

Le jour qu'il vous plaira

Inquiétude : est-ce qu'une surveillance plus attentive de la durée des concessions ne permettrait pas d'expulser les pensionnaires auxquels leur famille n'a pas offert la perpétuité ? J'imagine la scène : le Conservateur et un huissier lisant devant une sépulture une ordonnance priant le locataire précaire de déguerpir. Et dans ce cas, les proches impécunieux seront-ils autorisés à reprendre le cercueil pour l'entreposer dans la cabane au fond du jardin ? C'est en cela qu'une nécropole diffère d'une prison : la perpétuité y est une faveur.

Année 2029

J'aurais eu cent ans hier. Sans doute ma photo aurait-elle paru dans le bas d'une page de *Nice-Matin*. J'appréhende que mes histoires de solitaire vous paraissent aussi répétitives qu'à moi. Mais vous n'en avez que pour quelques pages alors que je suis parti pour plusieurs millénaires.

Cinquante ans ont dû s'écouler

Au moins est-ce la déduction à laquelle je suis arrivé après avoir enregistré un regain de visites et quelques bribes de discours. Mes instants de lucidité se raréfient.

Un siècle plus tard

Je pense à mon arrière-petit-fils arrivé en ce monde juste avant que je le quitte. Comment a-t-il fêté ses 100 ans ? Profite-t-il encore de la vie ou est-il devenu un légume ? À moins que des béquilles à moteur lui permettent de se déplacer sur les autoroutes. A-t-il une vieille copine ? Ou mieux : une jeune ?

Deux siècles plus tard

À combien de temps remonte mon dernier steak-frites ? Ce devait être avant que les cuisines exotiques tuent la gastronomie française.

Trois siècles plus tard

En dépit des progrès de la médecine, j'ai de bonnes raisons de penser que tous ceux qui m'avaient gâché ou compliqué la vie sont morts. Je pourrais donc dormir sur mes deux oreilles si je les avais conservées.

Année 2300

J'en déduis que nous avons atteint cette date à la perspective de vivre jusqu'à 200 ans qu'on nous faisait miroiter lorsque j'ai disparu.

Un autre millénaire

Les fonds sonores du lieu me permettent de distinguer le matin où les employés devisent plutôt gaiement entre eux du soir où une chape de silence s'ajoute à mon suaire.

Troisième millénaire

Vivant, je bénéficiais d'un état permanent d'ébriété intellectuelle. Mort, je ne dois pas avoir plus d'une idée par siècle.

Quatrième millénaire

Les applaudissements que je perçois à quelques mètres de ma dalle semblent indiquer qu'on est en train d'inhumer un acteur connu. Malgré l'enthousiasme du public, il n'y aura pas de rappels. La corde était sans doute usée et trop courte.

Trois milliards d'années après jésus-christ

Si, comme des Cassandre de la Science le prévoyaient, le soleil s'éteint ou explose dans deux milliards d'années, à quel signe comprendrai-je que l'échéance est arrivée ?

Le lendemain de ce jour

Arrivée dans le caveau voisin. Comme on a pleuré davantage qu'à mon départ, il doit s'agir de quelqu'un d'assez jeune.

Date impossible à préciser

Plus aucune allée et venue. Plus de bruit. Le cimetière paraît aussi mort que ses occupants. Trois hypothèses, toutes privées de possibilité de vérification : fermeture de l'endroit pour cause de surpopulation ; trépas de tous les êtres vivants ; après une crue de la Seine, tous les Parisiens sont morts noyés. À la prochaine Toussaint, nous ne serons pas dérangés.

Les vivants snobent les morts

De temps à autre, un vivant qui a connu un notable rend hommage à sa mémoire avant de l'en chasser aussitôt de la sienne. Loue-t-il les vertus d'une lumière qui vient de s'éteindre ? C'est pour affirmer, en ne craignant plus d'être démenti, la haute estime en laquelle le disparu le tenait.

Qui songerait à reprocher aux vivants les distances qu'ils ont prises avec les morts ? Ces derniers n'appartiennent plus au même monde même si, auparavant, ils ont été contemporains.

Le vivant a tous les droits. Le mort n'a que celui de se taire, dont il abuse pour cesser de donner de ses nouvelles. Ce sont les vivants qui, depuis la Résurrection, cadenassent à triple tour les cercueils et les enfouissent sous des dalles de marbre que seule une grue peut déplacer et qui décident que les portes des cimetières doivent se fermer à 18 heures. Ce sont les vivants qui viennent troubler l'éternel repos sous le prétexte d'une recherche en paternité ou d'un examen toxicologique tardif. Ce sont les vivants qui donnent à une avenue, à un boulevard, à une place – et pour les moins méritants à une impasse – le nom d'un militaire, d'un politique ou d'un artiste quand ce n'est pas celui de Jean Jaurès dont la justice relaxa l'assassin après avoir fait payer les frais du procès à sa veuve. Ce sont les vivants qui, après des décennies de réflexion, accordent les palmes du génie ou l'auréole de la sainteté. Ce sont donc les vivants qui détroussent les morts, sachant que les plus grandes fortunes se sont généralement édifiées sur un héritage. Et c'est bien ainsi car les pharaons qui se faisaient enterrer avec leurs richesses furent moins regrettés que ne le sera un jour Liliane Bettencourt.

Pourquoi, alors qu'on n'existait pas encore avant de naître, existerait-on toujours après la mort ? En tout cas, ce n'est pas l'argumentaire, bourré de contradictions, des religieux de toutes confessions qui permettra d'y voir plus clair. Le prêtre qui récite la prière des agonisants passe sous silence l'arrivée au paradis. La famille qui a « la douleur d'annoncer le retour à Dieu » de son défunt ne croit apparemment pas au bonheur éternel. Les disciples d'Allah auxquels on promet les caresses de plusieurs dizaines d'Houris ignorent à quel miracle elles doivent d'être toujours vierges.

Encore heureux que les lourdes tentures noires frappées à l'initiale argentée du défunt aient disparu. Cela m'aurait fait beaucoup de peine, si j'avais bénéficié du même affichage, d'être estampillé par cette lettre *B* qualifiant, par ailleurs, la série des films insignifiants. Mais on ne pavoise pas pour autant alors que pour celui qui vient de partir c'est la fin du supplice des assemblées de copropriétaires.

Reste, en ce qui concerne la vie après la vie, une absence totale de témoignages à peine troublés par quelques spirites. Bien sûr, la foi consiste à croire en ce qu'on ne voit pas et que personne n'a jamais vu. Mais c'est là où le bât blesse : les représentations du paradis varient du tout au tout selon les religions. Pour les catholiques, on est assis à la droite de Dieu (« la place du mort » ironisait Desproges avant sa dernière sortie de route) tandis que des anges, qu'à défaut de précision sexuelle il est permis de considérer comme des trans-genres, passent les petits fours à l'entour.

On notera les faiblesses de l'imagerie populaire qui représente le Dieu des chrétiens avec la barbe des rabbins, qui promet, en guise d'intermède, la danse des sept voiles au porteur de suaire et qui n'apporte aucune lumière sur le lieu où la Sainte Vierge a trouvé refuge après son Ascension ainsi que sur la vocation pour le jardinage du Christ vêtu comme un cantonnier au lendemain de sa résurrection.

Le joueur impénitent que je fus aurait vu d'un meilleur œil la retraite à perpète si le ciel (quelle incongruité de le promettre à des gens qui sont six pieds sous terre !) avait abrité un casino. En remplaçant la roulette par le jeu des osselets et au risque de voir tricher certains squelettes...

L'enfer est, hélas !, plus crédible avec ses fours, sans doute installés par un ingénieur nazi, sa température très supérieure aux moyennes saisonnières et le rire satanique plus probable que la musique céleste. Les peintres et les poètes, qui ont essayé de décrire l'enfer ou le paradis, se sont tous interrompus afin d'aller aux renseignements. Mais aucun n'a repris ensuite le travail.

Le cas de Victor Hugo est plus troublant qui, après la noyade de sa fille bien-aimée, assura correspondre avec elle durant plusieurs années. Les incrédules imputèrent ces retrouvailles posthumes au trouble suscité dans ce grand esprit par le chagrin et l'exil. Les snobs, eux, se réjouirent qu'un des plus grands génies de notre littérature, lorsqu'il n'avait plus rien à dire à fifille, bavardât avec des célébrités d'autres siècles comme Alexandre le Grand et Napoléon Ier. Lesquels, il est vrai, depuis que leur passage dans un autre monde les a libérés de leurs responsabilités temporelles, ont tout le temps de répondre aux détenteurs d'une table à quatre pieds, pas trop lourde.

Le plus pitoyable quand un être humain cesse d'exister n'est pas l'empressement manifesté par l'administration pour rayer son nom des registres de l'état civil mais les discours et propos que toute disparition suscite. Cela peut être « Il a cessé de souffrir » – alors qu'aucune étude sérieuse n'a été menée sur l'éventualité de douleurs posthumes et alors que sur ce sujet, on ne dispose que des confidences du bourreau et de ses aides qui, sous la Terreur, avaient observé que le visage des guillotinés se mettait à grimacer après qu'ils avaient séparé la tête du corps. On n'échappe pas davantage à « Il est mieux là où il est », proféré par des gens qui s'accrochent à l'enfer terrestre et qui déclaraient, quand le futur défunt était au plus mal, « Tant qu'il y a de la vie, il y a de l'espoir ».

Je passe sur la maladresse ou le mauvais goût faisant qu'au début d'un éloge funèbre on rappelle que le mort était un bon vivant. Mais le comble de l'hypocrisie semble atteint avec « La douleur est pour ceux qui restent », surtout lorsque leur premier soin, après les obsèques, est de se partager les dépouilles de celui qui n'est plus capable de protéger son magot.

En fait, s'ils conservent une lueur de ce reliquat de conscience que d'aucuns – moi le premier – lui prêtent, l'inhumé de fraîche date doit être furieux. Je crois deviner ce qu'il pense :

— Tous ces types qui vont continuer à vivre après moi et sans moi, comme si de rien n'était !

Et la colère du premier matin suivant lorsqu'il attend vainement qu'on lui apporte son café au lait. Et le calcul auquel il a tout le temps de se livrer pour établir le nombre des repas qu'il devra sauter avant qu'arrive le Jugement dernier. Personne ne comprend mieux son infortune que votre serviteur pour qui le déjeuner et le dîner constituèrent si longtemps une petite fête et qui considérait une viande mal cuite ou une sauce ratée comme une véritable catastrophe.

Mais le pire réside dans cette inversion totale du destin qui aboutit à ce que, en plus d'avoir cessé de se nourrir, on soit mangé.

Sans doute ces rats, dont Albert Einstein professait qu'avec 20 kilos de plus ils eussent dirigé le monde, entendent-ils nous punir de cette suprématie. Les rats de cimetières ne se donnent-ils pas pour mission de venger les rats de laboratoires que l'homme fait souffrir pendant des années en leur administrant des médicaments qu'il n'ose pas encore consommer lui-même ?

Bref, rien de moins gratifiant que le statut de défunt : oublié par son ancienne famille, snobé par ses nouveaux voisins et jamais la visite d'un dératiseur.

Les morts ne voient pas les vivants d'un meilleur œil

Les relations entre les vivants et les morts ne sont pas bonnes. Tout se passe comme si les premiers n'avaient aucune gratitude à l'égard des seconds qui, pourtant, leur ont tout donné.

Notre très bas monde étant à l'image de l'univers situé un peu plus haut, il doit entrer beaucoup de jalousie dans le mutisme obstiné que les défunts opposent aux tentatives de dialogue émanant de ceux qui ne les ont pas encore rejoints. Jalousie d'imaginer les vivants toujours en vie et sans doute pour davantage de décennies qu'ils n'en ont enregistrées à leur compteur. Jalousie qu'ils aient encore droit à tous les plaisirs, à toutes les voluptés, à tous les excès. Jalousie qu'ils mènent la vie à grandes guides en dilapidant leurs héritages. Certes, des expériences spirites permettent, paraît-il, d'établir un contact. Mais sans qu'on soit à l'abri de supercheries et de névroses. Qui nous certifie par exemple que le crépitement du guéridon Louis XV à l'aide duquel Henri IV trace le portrait de Ravaillac n'est pas l'œuvre d'un fumiste plutôt que d'un ébéniste ? Et Louis XIV est-il assez inoccupé pour deviser avec un quarteron de retraités anonymes ?

Aussi, je l'avoue sans ambages parce que je l'ai ressenti dès mon arrivée à Montmartre, les morts détestent les vivants. Et même ceux d'entre eux qu'ils ont aimés. Pour une raison minable et sordide puisqu'ils leur reprochent de les avoir accompagnés jusqu'au seuil de l'éternité avant de s'en retourner vaquer à leurs petites affaires. On ne tient pas assez compte de la psychologie du défunt qui se croit supérieur aux vivants, soit parce qu'il a eu une vie plus riche que la leur, soit parce qu'il considère que la mort lui a donné de l'avancement par rapport à eux.

Les « gens-d'en-haut » ne se soucient pas suffisamment du spectacle qu'ils donnent aux « gens-d'en-bas ». Or, le tombeau constitue un redoutable observatoire permettant de voir les gestes alors qu'on ne perçoit plus les voix.

Quelle considération voulez-vous qu'un défunt, auquel la mort a conféré la dignité des pontifes, ait pour les fauteurs de petitesses et de turpitudes continuant à s'agiter au-dessus de lui ? Non seulement ces derniers, tant qu'il leur reste un souffle, sont incapables de parvenir à la sérénité mais tous leurs agissements sont motivés par des sentiments aussi peu nobles que l'appât du gain, l'obsession sexuelle et l'égocentrisme qui va de pair avec la détestation d'autrui. Ainsi peut-on regarder ses contemporains tels qu'ils sont alors que, dans l'agitation trompeuse de la vie, on n'avait pas identifié leurs travers. Si, comme l'affirme la sagesse populaire, il n'y a pas de grand homme pour son valet de chambre, il ne doit pas y avoir davantage de survivants vertueux pour les morts.

Là où nous sommes, la beauté, l'intelligence, la fortune et la célébrité nous paraissent insignifiantes. En haut, tandis qu'on s'étripe un peu partout sans avoir déclaré la guerre, la presse fait des soutiens-gorges-chaudes à propos d'une chanteuse qui a montré sa poitrine à la télévision. Le gagnant du jackpot au casino de Bandol tient la vedette. La radio se détourne de nos problèmes sociétaux pour annoncer que, sur l'hippodrome de Vincennes, en trot attelé, Carabasse III a remporté le prix des Hespérides. Après quoi, l'éminent commentateur conseille aux auditeurs turfistes de jouer le lendemain le 1, le 2, le 3, le 4, le 5, le 6, le 7, le 8, le 9, le 10 étant non partant.

Comme je l'ai confié au signataire de ces lignes dont il s'est aussitôt emparé pour faire le titre de son ouvrage, nous continuons à nous tenir les côtes en regardant les vivants. Un rire silencieux mais énorme qui, certains soirs de discours présidentiel, agite de soubresauts l'ensemble de nos divisions. Car nous savons ce que vaut l'aune des belles homélies des politiciens qui tentent de faire oublier qu'ils sont sans foi en multipliant les lois. Car nous ne croyons plus aux protestations d'amitié ni aux serments d'amour. Car nous sommes persuadés que si le divin Créateur a fait la vie aussi moche c'est pour que, lorsqu'il nous la retire, nous ne puissions pas la regretter.

En un mot comme en cent, et si un jour de Toussaint et parce qu'on nous aura enfin accordé le droit de vote, le plus éloquent des politiciens me tendait la main, je lui refuserais le doigt qu'il me reste et je lui demanderais d'aller faire ailleurs que dans notre havre de paix ses piteuses simagrées.

Pauvres vivants, sachez que la sérénité de la mort se mérite.

CE QUE LES VIVANTS DISENT DES MORTS

Une tradition inepte autorisant d'entendre de son vivant dire du bien de soi exclut tous ceux qu'on n'a pas décorés. Car nul doute que l'éloge funèbre et la nécrologie feraient beaucoup plus plaisir à l'intéressé s'il avait été encore en état de remercier leurs auteurs.

S'agissant de ceux qui doivent leur croix à un marbrier, les thuriféraires peuvent multiplier les erreurs et les lacunes sans risquer plus de protestations de l'intéressé que de rectificatifs venant d'une famille occupée à compter les petites cuillères.

L'éloge funèbre est un genre littéraire très ancien. Bien que Bossuet fasse figure de maître dans cette discipline, il faut remarquer que, lorsque l'évêque de Meaux s'écrie devant le catafalque d'Henriette d'Angleterre « Madame se meurt, Madame est morte ! », on se demande s'il n'a pas commencé à écrire son laïus avant que la princesse s'éteigne définitivement. Plus tard, André Malraux s'essaya avec succès dans l'hommage tardif. Son « Entre ici, Jean Moulin ! » articulé devant le Panthéon reste un modèle de politesse autoritaire.

Aujourd'hui où l'art oratoire a disparu en même temps que les grands tribuns et où les officiants n'ont plus le temps d'évoquer le cursus des ouailles en route pour le paradis, les familles ont pris le relais. Là, il n'est plus question de talent mais d'émotion. Rien n'est plus touchant que les mots trouvés d'instinct par un adolescent pour dire à un géniteur allongé les gentillesses qu'assis à sa table, il n'osait égrener.

La nécrologie emprunte des formes très variées. Elle va des quatre lignes achetées dans « le Carnet du jour » du *Figaro*, à l'ouverture des J.T. de 20 heures et à la couverture de *Paris Match*. Concernant un comique, la télé, tout de suite après l'annonce de sa disparition, enchaîne avec ses sketches les plus hilarants. Une vieille actrice, qui fut célèbre mais un peu oubliée, n'a droit qu'à des images fixes couleur sépia. Aux hommes politiques, qui ne sont plus là pour se justifier, on rappelle de plus en plus souvent leurs traversées du désert ou leurs démêlées avec la justice.

En fait, il existe cinq catégories de nécrologie :

– L'adieu enflammé signé par quelqu'un d'aussi connu que celui qui vient de s'éteindre.

– Le portrait tracé par un journaliste qui, ayant souvent interviewé le *de cujus,* est capable de relater des souvenirs personnels authentifiant son propos.

– Le souvenir ému d'un quidam qui a croisé le défunt vingt ans plus tôt sur un quai de la gare de Lyon.

– La viande froide qui attendait, dans le frigo d'une rédaction, et parfois depuis plus d'une décennie, la dernière heure d'une célébrité. Avec le risque, si l'on n'a pas rafraîchi le pensum, d'omettre l'essentiel.

– La notice rédigée à la hâte (surtout l'été) par un stagiaire qui n'avait jamais entendu parler du défunt.

Pour qu'enfin la lecture de ces articulets fasse plaisir aux intéressés, je propose que chaque citoyen possédant un casier judiciaire vierge et honorablement connu dans son quartier puisse être autorisé à faire annoncer sa mort au moins une fois dans sa vie. Ainsi pourrait-il quitter, plus tard, notre vallée de larmes en connaissant d'avance le volume des pleurs qu'il fera couler.

N.B. : Il va sans dire que les talentueux confrères désireux de saluer le départ sans retour de l'auteur de ce petit bouquin et qui désireraient citer un passage d'icelui peuvent le faire (jusqu'à concurrence de quinze lignes afin de ne pas priver mes héritiers du produit de ventes posthumes) et à condition que la référence ne soit pas teintée de moqueries déplacées.

J'ai beaucoup souffert personnellement que dans le rappel d'« œuvres complètes » (*sic*), on accorde la vedette à un fascicule d'histoires belges publié avant ma majorité. Certains titres d'une presse que je considérais comme amie m'ont choqué : « Une place au micro ! » ; « L'indéboulonnable a dévissé » ; « Incapable de pratiquer le baisemain, il a tiré sa révérence » ; « Il avait cessé de mordre en mangeant à plusieurs râteliers ».

Troisième partie

PENDANT

Des vedettes cultes

Ce que l'éternité a de meilleur, c'est qu'elle n'assigne plus de limites à la méditation. On a une petite vie derrière soi et une énorme non-existence devant. D'où quelques regrets. En particulier ceux d'avoir été peu pratiquant, agnostique, voire athée. Et, n'ayant pas été un saint, d'avoir privé certains organes d'une chance de conservation miraculeuse que l'embaumement est loin d'assurer. Tous ces bienheureux, dont après des siècles de reliquaires, le cœur et le foie ont été retrouvés intacts accentuent mon impression que l'inégalité règne autant chez les morts que parmi les vivants. De surcroît, l'intervention de ces béatifiés ou canonisés, qui pour patronner une profession, qui pour guérir une maladie, m'apparaît comme une offense à un Tout-Puissant soi-disant omniprésent et n'ayant donc aucune raison de déléguer ses pouvoirs. J'entends des aides séraphins murmurer « Tu as fait le malin, va au diable ! » On ne cesse d'implorer ces familiers du Seigneur, on leur consacre des cathédrales, on organise des pèlerinages en affrétant des trains qui déraillent, parfois on les exhume afin de leur faire faire un petit tour de ville, en rameutant les vivants. Il y a bien, au calendrier, un saint Philippe mais ce n'est pas moi. Je n'ai jamais eu d'autres auréoles et plus bas que la tête que celles provoquées par les canicules.

Lorsque je feuilletais la Bible, je m'arrêtais aux passages les plus osés. Saint Augustin a été longtemps pour moi l'architecte d'une station de métro avant que je découvre que cet ancien libertin avait qualifié de « cloaque » le charmant sexe féminin.

Ai-je prié ? Sans doute. Surtout lorsque, enfant, je rejoignais pour les grandes vacances une petite communauté très pieuse. Je ne me souviens pas avoir communié mais j'ai souvent bouffé du curé. À la rentrée, de gentils abbés, bien propres, bien gras, m'asseyaient sur leurs genoux pour me parler longuement d'Ovide en lorgnant mes mollets nus. Après quoi, ils ne se préoccupaient pas de savoir si je croyais en Dieu mais m'ordonnaient de Lui prodiguer ce qu'un peu plus tard, durant mon service militaire, on appelait les « marques extérieures de respect ».

Je déplore également de ne pas avoir été enfant de chœur. Si je me moquais des petits camarades qui servaient la messe, j'enviais secrètement leur familiarité avec les acteurs et les accessoires du spectacle religieux. Ne préparaient-ils pas les burettes ? N'aidaient-ils pas le desservant à revêtir les habits sacerdotaux ? De là à les créditer d'une approche des grands mystères très supérieure à la mienne, il n'y avait que la distance séparant le tronc des pauvres de la sacristie, coulisse à laquelle je n'avais pas accès. Lorsque venait le moment de la prière commune, je me contentais de remuer les lèvres. Pendant l'office, je me trouvais toujours à contretemps : assis lorsque les autres se levaient ; debout quand ils se rasseyaient. En matière de catéchisme, je n'ai glané que les rudiments très sommaires énoncés par un brave chanoine qui, après un baptême tardif, avait accepté de me marier religieusement.

« Et Dieu dans tout ça ? » comme l'a demandé pendant un demi-siècle à ses invités mon vieux copain Jacques Chancel. Lorsqu'on me posait la question, je citais Jules Renard : « Dieu et moi nous nous croisons. Nous nous saluons. Mais nous ne nous parlons pas. » Sans doute est-ce ce silence obstiné qui a empêché le bavard que je suis d'avoir la foi.

Toutefois, à partir de 70 ans, j'usais d'une formule plus nuancée lorsqu'on évoquait une santé et une activité à laquelle n'avaient pas droit tous mes contemporains : « J'en remercie chaque matin ce Bon Dieu auquel je me lamente chaque soir de ne pas croire. » Innocent paradoxe qui me valait d'être classé non plus dans la phalange des irréductibles mais dans le bataillon de ceux qui cherchent et qui n'ont pas encore trouvé.

Si j'ai fui autant les enterrements – hormis le mien auquel je ne pouvais échapper – c'est parce que je craignais, sous la triple influence de la musique sacrée, d'un décor parfois grandiose et d'un rituel éprouvé, de faire un pas de plus vers Celui qui ne m'avait jamais tendu que la main de ses prêtres. Le service ne durait cependant jamais assez longtemps pour que j'abandonne mon libre arbitre et ma libre-pensée. Je jalousais secrètement les privilégiés qui, comme le poète Max Jacob dans le métro et l'académicien André Frossard à

Lourdes, avaient ressenti soudainement, sans préparation et sans être demandeur, l'illumination de la foi. J'essayais, ainsi que François Mitterrand vers sa fin s'entretenait volontiers avec Jean Guitton, de confesser des croyants. Peine perdue. Les petits plats du déjeuner que je leur offrais pour solliciter leurs confidences les intéressaient plus que ma belle âme. Ils répondaient tous – et sans s'être donné le mot – à ma démarche par la même formule : « La foi est une affaire personnelle. » Après quoi, ils reprenaient du cassoulet.

J'en avais conclu, après quelques années de vaines démarches, ou bien qu'on trouvait Dieu tout seul ou bien qu'on ne le trouvait pas. J'avais également noté que les membres du clergé qui se prétendaient les ambassadeurs de Dieu sur Terre, sans jamais avoir présenté aux fidèles leurs lettres de créances, étaient dans le meilleur des cas des visionnaires mystiques et dans le plus mauvais des farceurs pour noces et banquets.

Mea culpa ! Pour pouvoir tranquillement profiter du dérisoire, j'ai négligé l'essentiel. Je ne visitais jamais une cathédrale ni une chapelle sans me demander si le Créateur de toutes choses avait donné sa bénédiction pour les construire et disposait d'assez de loisirs pour venir de temps à autre assister au culte qu'on lui rendait. Un culte dont la flagornerie et l'obséquiosité me choquaient. Car, en filigrane de ces dialogues à une voix, les compliments outranciers fusaient de toutes parts. Les plus déshérités et les plus gravement atteints remerciaient la divinité comme si la misère et la maladie eussent été des cadeaux. Des affamés exprimaient leur gratitude après Lui avoir vainement réclamé leur pain quotidien. Des jeunes gens préféraient à une existence agréable une vie monacale durant laquelle, avec l'assurance d'être admis au paradis, ils n'attendraient que la mort. Le comble du masochisme me semblait atteint chez des trappistes qui n'ouvraient la bouche que le matin lorsque, se croisant dans le cloître, ils se lançaient un joyeux « Frère, il faut mourir ! » Même lorsqu'il était flagrant que Dieu s'était inscrit aux abonnés absents, on lui rendait grâce comme aux rois sous l'Ancien Régime, à savoir qu'il était le plus puissant, le plus juste, le plus généreux, et que, quelle que fût sa volonté, il fallait qu'elle soit faite.

Aujourd'hui, je me demande quand même si je n'aurais pas mieux fait de chausser les sandales du cistercien que les souliers vernis du reporter mondain que je fus. Vers la cinquantaine, à la lumière de ma propre expérience et de certaines confidences, je m'avisai que si les plus mécréants d'entre nous boudaient ouvertement les Temples où l'on adore (encore un excès de langage) la Sainte Trinité, ils s'étaient constitués, étayée par une métaphysique de bazar, une petite religion personnelle mélangeant superstitions d'enfant et fantasmes d'adulte.

Ainsi, Alain Delon m'a-t-il appris un jour qu'il adressait au ciel une petite oraison quotidienne de sa façon. Le temps de cet aveu, la star était redevenue un catéchumène. Moi-même, encouragé par des agnostiques professant que « si s'adresser à Dieu peut constituer une assurance, pourquoi se la refuser ? », j'ai dû céder à cette tentation lorsque je souhaitais le rétablissement d'un proche ou la réalisation d'un projet important. Je me souviens d'un passage à Lourdes à l'époque où le « Théâtre de Bouvard » donnait des représentations un peu partout. Avant le spectacle du soir, nous étions allés visiter la Grotte. Et, alors que mes comédiens plaisantaient, j'avais remarqué la mine extatique de notre impresario peu coutumier du fait. En regagnant l'hôtel, je l'avais interrogé sur la nature de sa prière : « J'ai demandé à la Vierge de faire une belle recette tout à l'heure. » Toutes pratiques fantaisistes et cavalières à l'égard d'une divinité habituée à un rituel codifié de façon très précise depuis vingt siècles.

Je n'ai pas assisté à d'autres miracles qu'à celui qui a valu à un ancien cancre, promis à l'échafaud par un papa déçu, d'avoir sauvé aussi longtemps une tête pas complètement vide.

En revanche, je ne suis pas près d'oublier la transe surnaturelle dans laquelle la messe d'enterrement de Jean-Claude Brialy avait plongé Carlos, mon vieux camarade et mon voisin de travée, sous la nef de Saint-André-des-Arts. Le chanteur populaire, le champion des raconteurs de bonnes histoires, le joyeux luron, ayant troqué son éternel portable contre une communication céleste, avait fait place momentanément à un personnage que je ne soupçonnais pas, comme s'il était déjà parti pour l'autre monde en compagnie de notre copain défunt. À la fin de la cérémonie, il redevint disert comme d'habitude. Lorsqu'il disparut quelques mois plus tard, je ne pus m'empêcher de penser que, sentant sa fin proche, il avait reconnu le terrain.

Des cruautés contraires aux bons sentiments me restent sur un cœur qui ne bat plus : ces guerres de religion, ces génocides, ces massacres organisés en l'honneur d'un Dieu qui, s'il existe, ne doit pas en demander tant. Quant aux lavages de cerveau qu'on nomme évangélisations, ils ont longtemps contraint des peuples, hâtivement qualifiés de sauvages, d'adopter la religion de plus forts qu'eux.

Enfin, je m'interroge sur les effets des hommages rendus à certaines célébrités le jour anniversaire de leur disparition. Est-ce que les vivants ne dérangent pas les morts en les distrayant de leurs méditations ou de leurs nouvelles occupations lorsqu'ils parlent d'eux ?

André Malraux n'a-t-il pas troublé la vie après la vie de Jean Moulin lorsque, dans l'envolée d'un discours tonitruant, il l'a accueilli aux portes du Panthéon ? Moi qui vous parle, sans aucune certitude d'être entendu puisqu'il n'y a pas de sondages d'audiences dans l'au-delà, je dois peut-être mes sursauts de conscience à un badaud qui, chez un bouquiniste des bords de la Seine, feuillette l'un de mes bouquins défraîchis.

Le pape, la curie et tout le saint-frusquin

Dans le fonctionnement de la sainte Église apostolique et romaine, j'ai cherché en vain le divin. Au sommet, on place un pontife dont les ennemis de l'idolâtrie, pratique condamnable des anciens Barbares, font une idole. La mise en scène est tellement bien étudiée que des centaines de millions de braves gens, appelés fidèles, s'y laissent prendre. D'abord, la désignation lors d'un conclave organisé en vase très clos ; l'élection, pour succéder à saint Pierre, d'un cardinal auquel la tradition interdit d'être candidat ; le scrutin à peine terminé, l'essayage d'une des trois soutanes (aussi blanches que la fumée venant de s'échapper du toit de la chapelle Sixtine) susceptibles d'enrober des morphologies différentes. Je passe sur le *bene pendentes*, ritualisé depuis la supercherie de la papesse Jeanne. Bénédiction générale. Concert des cloches qui rassemblent les ouailles et font fuir les corbeaux.

Ce sont les séquences suivantes que les pompes vaticanes dissuadent de considérer comme un train-train quotidien qui me chiffonnent. Certes, la tradition et la légende veulent que le chef de la chrétienté déjeune et dîne souvent seul. Mais ce n'est là qu'une des illustrations de son isolement, qu'il soit spirituel ou temporel. Les choses se gâtent lorsque, pour aller travailler, on le pare comme une châsse à l'aide de coûteux vêtements peu compatibles avec le vœu de pauvreté. Sans doute est-ce sordide et de mauvais esprit que de remarquer qu'avec toutes ces pierreries, l'Église pourrait secourir bien des misères. Le Veau d'or est toujours debout mais l'argent a disparu dans des spéculations pas très catholiques. Le denier de Saint-Pierre rentre mal. La quête n'est plus qu'un sacrement facultatif.

Après quoi, Sa Sainteté, qui n'a pas attendu d'être mort pour avoir droit à cette appellation, reçoit les hommages, révérences des uns et baisers des autres sur l'anneau papal, non pas comme s'il était l'envoyé de Dieu mais Dieu lui-même.

L'audience de quelques secondes accordée en présence d'un photographe à un politique peut favoriser sa carrière. Son simple toucher permet d'espérer le retour de la bonne santé, comme naguère les rois de France imposaient les mains pour guérir les écrouelles. On l'exhibe au balcon de la place Saint-Pierre dominant une cour où, miracle de l'immobilier, peuvent tenir jusqu'à cinq cent mille colocataires précaires. On le balade dans cette papamobile qui ressemble au véhicule à bord duquel les marchands de glaces écument les plages l'été. Autour de lui, gravitent quelques religieuses non voilées mais auxquelles on interdit de montrer leur visage.

Suit la camarilla des cardinaux. Ces « princes de l'Église » parmi lesquels se trouvent toujours quelques *papabilis* mènent grand train : palais épiscopaux ; voitures de fonction et chauffeurs ; tables ouvertes et garde-robe moins somptueuse toutefois que celle du patron. Les évêques, à qui l'on donne du « Monseigneur », comme aux membres des familles royales, ferment la marche, entourés par leurs chanoines.

L'avouerais-je ? Ma considération et mon respect vont plutôt vers les membres du clergé de la base qui font parfois semblant de croire en Dieu mais dont les actions charitables permettent d'oublier que le ciel se trouve à des années-lumière de la Terre.

Je révère le curé de campagne autant que le généraliste, le vétérinaire et l'épicier œuvrant dans la même paroisse. J'admire le prêtre-ouvrier qui, avant de dispenser les saintes-huiles, met les mains dans le cambouis. Comme ils ont très souvent abandonné la soutane, que continuent à porter leurs supérieurs, ils font le bien, sans adopter le costume, et donc la position du missionnaire. Toutes réflexions qui me vaudraient un abondant et furieux courrier de protestations et d'injures si je n'avais pris le soin de mettre une distance suffisante entre certains chrétiens pratiquants qui ne pardonnent rien et l'humble scripteur de ces lignes.

L'élection romaine rappelle nos « sénatoriales » puisqu'elle se déroule entre notables. Il paraît que, si après quelques dizaines de papes mariés, le célibat a été imposé à leurs successeurs, c'est pour éviter que se constituent des dynasties à l'image de celles exerçant le pouvoir temporel. Le tirage au sort du pontife, à l'exemple du loto, serait plus démocratique mais on ne serait pas assuré du charisme ni des compétences du gagnant. Reste la merveilleuse et poétique méthode octroyant la succession du dalaï-lama à un enfant né à la minute précise où trépassait l'autorité suprême des bouddhistes. Sous la direction d'un « cardinal » appelé Rinpoché, l'équipe de moines tibétains à laquelle est confiée la recherche prend ensuite en main l'éducation du futur souverain, comme si les précepteurs, chers à nos anciens monarques, s'étaient substitués aux petits et aux grands séminaires.

Impossible de déterminer toutefois quel est le meilleur des deux processus. Pour la désolante et péremptoire raison que l'homme n'ayant pas établi plus de contacts avec Dieu qu'avec les extraterrestres, il en est réduit à faire comme si, entre deux notes de service, le Seigneur lui avait parlé à l'oreille.

En dehors d'Abraham, de Moïse et du Christ, le Créateur n'a pas souvent engagé la conversation avec ses créatures. Quelques grands mystiques prétendent recevoir ses encouragements réguliers, comme par exemple Jimmy Carter qui, lorsqu'il était président des États-Unis après avoir été marchand de cacahuètes, chaque matin enfermé dans le bureau ovale de la Maison-Blanche, bavardait avec le président du cosmos. Quelques autres personnalités éminentes, béatifiées ou sanctifiées, ont excipé de ce type de contact mais c'est la Vierge, sans doute moins occupée, qui à Fatima, à Lourdes et en bien d'autres endroits, est apparue, préférant s'adresser – parfois en usant de leur patois – à de petits paysans simplets plutôt qu'à de grands théologiens.

Côté miracles à l'égard desquels l'Église se montre plus méfiante que les scientifiques chargés de déclarer « sans explication médicale » certaines guérisons, je reconnais avoir été très troublé par la liquéfaction à dates fixes du sang de saint Janvier dans son sanctuaire de Naples et surtout par le cas de Thérèse Neumann dont on affirme qu'elle se nourrit toute sa vie d'hosties tandis que chaque vendredi apparaissaient sur ses mains et ses poignets les stigmates rappelant la Passion du Christ.

Mais il s'agit là de la réaction de quelqu'un qui, pour avoir été dans son jeune âge endormi au récit des contes de fées, fut un enfant toute sa vie.

Bienheureux…

Bienheureux ceux qui rendent l'âme ou ce qui leur en tenait lieu sans s'en apercevoir.

Bienheureux ceux qui ne se réveillant plus un matin n'ont pas à attendre le soir pour se coucher.

Bienheureux les tués sur le coup, les électrocutés et les noyés.

Bienheureux les privilégiés en bonne santé jusque-là, qui n'ont pas creusé le trou de la Sécu avant qu'on aménage le leur.

Bienheureux ceux qui ont sauté la « case hôpitaux » dont le regretté Jean Yanne notait qu'eu égard au nombre de gens qui y décédaient, elle faisait encore plus de victimes que la route. L'humoriste allait jusqu'à conclure que puisque 95 % des gens mouraient dans un lit, il fallait plutôt se reposer dans un fauteuil.

Bienheureux ceux qu'emportent une courte maladie ou un bref accident.

Bienheureux les mort-nés qui n'ayant rien connu n'auront rien à regretter.

Bienheureux les centenaires qui ont vu peu à peu disparaître les contemporains qu'ils n'aimaient pas.

Bienheureux les doyens de l'humanité qui auront accédé tardivement – parfois pour quelques jours seulement – à la notoriété planétaire.

Bienheureux ceux qui, « en état de mort imminente », ont réussi à faire marche arrière dans un tunnel dont ils n'oublieront jamais les lumières encore plus scintillantes que les lampions de la fête à Neu-Neu.

Bienheureux les aveugles qui, après l'inhumation, ne voient aucun changement.

Bienheureux les malentendants qui ne percevront pas l'énormité du silence.

Bienheureux ceux qui écrivent sur la mort car ils sont encore vivants.

De l'art d'empêcher sa famille et ses proches de vous oublier

Ce document est utilisé par tellement de braves gens et depuis un si grand nombre de siècles qu'on a perdu de vue sa principale caractéristique : le testament est l'outil de la dictature posthume.

Il guide le notaire, l'exécuteur et les héritiers dans le partage des biens. Mais il peut être modifié tous les mois au gré des humeurs changeantes. Peu importe la valeur des biens, la beauté des objets, le montant des liquidités qu'on se disputera de toute façon âprement, la dictature commence avec les conditions posées par le testataire et qui peuvent aliéner la liberté des bénéficiaires.

Pour entrer en possession du pactole, il faut que la fille se marie, que la veuve ne se remarie pas, que les enfants entrent à Polytechnique ou qu'ils commandent une stèle pour supporter le buste du disparu.

Lorsqu'il s'agit de legs institués en faveur de personnes morales, d'autres obligations peuvent être formulées. Comme par exemple lorsque les frères Goncourt créèrent un prix destiné à donner les moyens d'écrire à un jeune romancier ou que les Cognacq-Jay décidèrent de léguer à leurs employés leurs grands magasins et demandèrent à l'Institut de France de gérer un fonds permettant de récompenser chaque année une famille nombreuse.

Dieu merci (?) pour peu que le défunt ait eu de l'imagination et des besoins, il dispose d'autres moyens de ne pas passer à la trappe :

– Laisser une ribambelle d'enfants naturels de toutes les couleurs.

– Grâce à la bigamie, avoir au moins deux veuves.

– Effectuer, la veille de son trépas, un achat immobilier très important payable en vingt-cinq ans.

– Avoir suggéré à ses créanciers de réclamer leur dû à la sortie de l'Église tandis qu'on charge le cercueil.

– Stipuler que les héritiers ne pourront entrer en possession de ce qui leur revient que s'ils tirent, chaque samedi pendant un an, un feu d'artifice sur la dalle funéraire.

– Enregistrer, afin qu'elle soit diffusée dans le bureau du notaire, une petite chanson qui, sur un air de reggae, avertira les héritiers : « Vous n'aurez rien ! Ah ! Ah ! J'ai tout bouffé ! Ah ! Ah ! »

– Récompenser, à l'aide d'un prix portant son nom et à l'issue de la délibération d'un jury présidé par la veuve, le meilleur film porno de l'année.

– Spécifier que la veuve ne palpera son magot qu'après avoir fait sur ses plus hauts talons – aller et retour – le pèlerinage pédestre de Compostelle.

– Soudoyer un des enfants de chœur, affecté à la messe d'enterrement, pour que, au moment des Saintes Espèces, il tende un verre baveur à l'officiant.

– Payer grassement un journaliste ami et décavé afin que, le matin des obsèques, la manchette de son canard annonce qu'on vous a cru mort à tort et que vous êtes bien vivant.

La Toussaint, quand j'étais visiteur avant d'être visité

La confusion entre la Toussaint et le jour des Morts vaut aux défunts deux fois plus de visites que si un seul jour leur avait été dédié. Rendez-vous compte : ce sont les seuls moments où l'on accorde un peu d'attention aux pensionnaires du néant qui ont alors l'impression d'exister encore. Les visités ne sont pas dupes d'un culte très saisonnier s'expliquant davantage par la tradition que par l'affection. C'est une distraction là où il n'y en a plus aucune, même si les reclus pourraient envier ces privilégiés qui, ayant franchi leur grille dans le sens ville-tombeaux, ont emprunté quelques instants plus tard l'itinéraire inverse. Passé du statut de visiteur à celui – moins enviable – de visité, j'ai beau savoir que les touristes vont majoritairement à Montparnasse où sont enterrées davantage de célébrités et au

Père-Lachaise où ils disposent de plus d'espaces verts, je reconnais que Montmartre n'est pas sans attrait avec sa voie de chemin de fer au-dessus de nos têtes, son environnement de petits commerces et de bistrots sympas. En d'autres temps, des dames exerçant le plus vieux métier du monde rameutaient le chaland jusqu'entre les tombes après s'être costumées en veuves. Aujourd'hui – laïcité oblige –, elles n'ont pas abandonné la pratique mais le voile.

Si l'on exclut les inhumations de chanteurs à la mode, nos seuls jours de pointe de l'année se situent donc au début du mois de novembre. Quand il ne fait pas trop froid, les parents emmènent les enfants. Au volume des toux, nous pouvons augurer le nombre des prochaines arrivées. Mais le plus intéressant réside dans les attitudes de ces pèlerins annuels.

Si certains viennent l'esprit ailleurs et les mains vides, d'autres font l'effort d'un moment de recueillement et d'un pot de fleurs. Hier, les chrysanthèmes n'étaient pas mes préférées. Ni leur vue, ni leur odeur ne flattaient mes deux sens désormais perdus. Aujourd'hui, comprendre au petit choc du pot de terre sur le marbre qu'on a pensé à moi me réconforte.

De mon vivant, je suis allé pendant une dizaine d'années sur la tombe de mes parents. Et puis plus du tout jusqu'à ce qu'un regain d'affection filiale ne me fasse retrouver le chemin du cimetière. Une ou deux décennies avaient passé et dans l'entrelacs des sépultures je cherchai en vain la leur, modeste entre toutes. Appelé à la rescousse, un employé qui ne disposait pas du registre des lieux avoua son impuissance. Mais j'ai lu dans son regard la réprobation. Je suis reparti bredouille, un peu honteux et je ne suis jamais retourné dans cette petite nécropole banlieusarde.

Le jour des Morts et à la Toussaint, j'essaie de tendre l'oreille. Par curiosité. Pour essayer de connaître le souvenir qu'on a gardé de moi. Déception. Les propos qui me parviennent évoquent plus rarement mes mérites que les dérisoires soucis des vivants qui ne voient pas plus loin que l'achat d'une paire de chaussures ou une consultation de médecin.

Comment ai-je pu me contenter d'une existence aussi futile dans une société aussi superficielle ? Comment ai-je pu consacrer tant de temps à la médisance et à la gaudriole ? Sans autre ambition que de dénicher une histoire drôle inédite ou d'inventer une contrepèterie. À cette enseigne, le séjour sur le plancher des vaches sert de bande-annonce au néant chez les rats.

À l'évidence, les vraies valeurs se situent sous terre où l'on ne parle plus sans réfléchir puisqu'on réfléchit sans parler.

Le 2 novembre à 18 heures, les grilles se sont fermées comme d'habitude. On va nous lâcher les baskets (plus confortables pour l'éternité que les chaussures de ville) pendant douze mois.

FLASHES DE CONSCIENCE-FICTION

L'autre nuit (qui était peut-être un jour), j'ai reçu une série de flashes qui m'informaient des avancées d'un monde dont je ne fais plus partie.

– Institution de castes comme en Inde mais permettant de distinguer entre mortels et immortels. Les premiers qui bénéficient de certains progrès de la médecine et de la chirurgie peuvent aller jusqu'à 150 ans mais pas plus. Les seconds dont la famille est assez riche pour payer un traitement anti-trépas sont en principe – car ça ne marche pas toujours – dispensés de rendre l'âme. Sans qu'on soit assuré d'une totale efficacité car la technique étant encore récente, les bénéficiaires potentiels n'ont pas toujours dépassé 250 ans.

– Invisibilité et ubiquité proposées aux super-milliardaires. L'invisibilité favorise surtout les plaisantins, les voleurs et les indiscrets qu'on ne voit pas plus arriver que partir. L'ubiquité, elle, autorise un individu à paraître se trouver à la fois en plusieurs points du globe très éloignés. En fait, c'est une illusion rendue possible par la faculté de pouvoir se déplacer à la vitesse de la lumière mais, entre le moment où l'on monte les Champs-Élysées à Paris et l'Himalaya au Népal, il s'écoule forcément quelques centièmes de secondes.

Beaucoup plus lents, les transports publics permettent néanmoins de relier Paris à New York en moins de cinq minutes si l'on choisit les fusées de la voie aérienne et en un quart d'heure si l'on opte pour la voie ferroviaire empruntant le tunnel transatlantique.

– Les lentilles de contact ne servent plus à observer l'environnement immédiat mais, par simple impulsion de la pensée, à brancher l'œil sur des spectacles offerts par l'audiovisuel ou le cinéma. Au risque de strabisme atteignant les utilisateurs compulsifs qui regardent Depardieu de l'œil gauche et une catastrophe naturelle de l'œil droit.

– Comme on en parlait depuis longtemps, les véhicules terrestres sont entièrement téléguidés. Il s'en est suivi une destruction massive d'emplois concernant les millions de professionnels du volant. Les voitures particulières se présentent comme de petits salons roulants dont les passagers se font face, programmées pour une certaine destination et guidées au moyen de glissières magnétiques.

– Le sexe des individus est devenu optionnel à la naissance et – sans aucune intervention chirurgicale – susceptible de plusieurs changements au cours de la vie. Grâce à la généralisation de la procréation médicalement assistée, le rapprochement entre deux êtres (de sexes encore provisoirement différents) n'est plus indispensable pour perpétuer l'espèce. « Faire l'amour » est exclusivement une volupté ou un passe-temps.

PROJET POUR UNE DÉCLARATION DES DROITS DU MORT ET DU CITOYEN

– Poursuite du versement d'un douzième de la retraite pendant dix ans afin d'assurer le bon entretien de la sépulture.

– Possibilité pour le défunt, comme cela existe déjà en Corse, de continuer à voter pendant plusieurs législatures.

– Si le mort a de la famille en province, droit d'aller la visiter chaque année au moment des vacances en finançant l'aller et le retour par les intérêts de l'argent laissé en héritage.

– Affiliation posthume au S.A.P. (Syndicat des Allongés Perpétuels).

– Si le défunt travaillait dans les médias, obligation à ses employeurs de publier ou de diffuser une fois l'an un article et un message posthumes qu'il aura confiés à son exécuteur testamentaire.

– Obligation faite aux héritiers d'organiser tous les trimestres un pique-nique sur la pierre tombale.

– Installation sur la dalle de marbre d'une horloge pointeuse grâce à laquelle on pourra vérifier que les héritiers viennent visiter leurs bienfaiteurs en respectant la périodicité imposée par celui-ci.

– Organisation d'une « nocturne » autorisant ceux qui quittent chaque jour leur travail à l'heure où ferment les grilles du cimetière à visiter leurs disparus.

– Obligation pour la famille de continuer à disposer sur la table de la salle à manger le couvert du mort à la place exacte qu'il occupait de son vivant. Durant la première semaine, on remplira son assiette. Ensuite, en se contentant d'un gâteau sec, on économisera sur le budget repas.

– Apposition d'une plaque indiquant la nouvelle adresse sur son palier, au pied de son escalier, sur la façade de l'immeuble ou au coin de sa rue, selon le rayonnement du défunt.

– Ouverture symbolique dans chaque cimetière d'une nécropole-emploi où pourront se réunir les ados au chômage briguant le poste de travail naguère occupé par le mort.

– L'ordinateur de ceux qui avaient quelque chose à cacher devra être conservé dans un endroit humide jusqu'à ce que le ramollissement du disque dur frappe la mémoire informatique d'Alzheimer.

De la mort volontaire…

Le suicide est toujours à la mode. Mais si le bourreau et la victime ne sont qu'une seule et même personne, les moyens de se donner la mort ont beaucoup évolué depuis que, sous la Rome antique, on s'ouvrait les veines dans un bain chaud. Aujourd'hui, les constantes augmentations du prix du gaz ne dissuadent pas ceux qui ont décidé de le laisser ouvert jusqu'à ce que mort s'ensuive. À l'inverse, la mauvaise qualité des cordes a fait perdre des clients à la pendaison.

Je me souviens du récit de son suicide raté (en revenant d'un dîner que nous avions partagé chez un éditeur commun) que m'avait fait le surlendemain Frédéric Dard. Il avait eu d'abord beaucoup de peine à dénicher une chaise assez haute pour pouvoir accrocher à un clou planté dans le plafond le nœud fatal. Puis, à la première suspension le clou avait lâché. Il en avait trouvé un autre à peu près à la même hauteur mais, cette fois, c'est la corde qui n'avait pas supporté son poids. Sa famille, alertée par le bruit de ses chutes, l'avait remonté tant bien que mal de la cave à sa chambre. Là, allongé sur son lit et reprenant peu à peu ses esprits, il avait machinalement ouvert la Bible qui lui tenait lieu de livre de chevet. En haut de la page qui s'était ouverte par hasard, il avait lu cet encouragement du Seigneur : « Repens-toi » ! Par la suite, il n'avait pas récidivé mais, comme tous ceux qui avaient tâté, fût-ce une seule fois de l'auto-élimination, il demeurait fasciné par cette façon d'en finir avec la vie.

Ceux qui appréhendent l'échec préfèrent se jeter sous un train. Combien de fois, à l'époque où je l'empruntais toutes les semaines, le TGV vespéral à destination de la Côte d'Azur s'est-il arrêté brusquement et pendant plusieurs heures à l'occasion d'une de ces dramatiques fins. Au moment où le convoi s'immobilise, tout un dispositif se met en branle : le procureur de la République qu'on est allé réveiller fait le premier constat en compagnie du mécanicien qui ne se remettra pas du sanglant spectacle. Au point qu'on devra lui chercher un remplaçant et quelquefois à deux ou trois cents kilomètres de là.

Il y a aussi la défenestration qui ne pardonne que lorsqu'on habite au rez-de-chaussée, ou qu'un balcon a interrompu la chute, ou que le toit d'un véhicule stationné en bas a fait office de trampoline. Sans doute parce qu'il appartient à la catégorie des ingrédients déremboursés, le poison compte moins d'adeptes.

Reste la méthode la plus sûre : vivre jusqu'à l'échéance normale ou hâter cette dernière en prenant des risques avec la vitesse, le tabac et l'alcool.

… ET DES MEILLEURES FAÇONS DE PRENDRE CONGÉ

La plupart des gens filent *ad patres* sans s'en apercevoir ou, s'ils s'en rendent compte, sans avertir personne. Très peu ont la délicate pensée, avant de s'esquiver, de faire leurs adieux ou de remercier les contemporains leur ayant rendu service.

J'ai été le bénéficiaire de deux exceptions. Ce fut d'abord Jacques Veissid, véritable humoriste puisque désespéré, qui avait pris une plume qui ne tremblait pas pour m'exprimer sa gratitude. Sa lettre m'arriva alors que la radio venait d'annoncer sa mort.

Plus émouvante encore fut l'ultime démarche de Philippe Clay. Nous nous étions rencontrés six décennies plus tôt dans la taverne située à l'époque sous l'Olympia où je venais danser tandis qu'entre un slow et un tango il interprétait pour la première fois son fameux « noyé assassiné ». Par la suite, les hasards de la vie parisienne et mes fonctions de jeune rédacteur affecté au show-biz nous avaient souvent rapprochés.

Le téléphone sonne un soir vers 20 heures. Tout de suite, je reconnais sa voix qui n'a pas changé. Et au bout du fil j'entends : « Tu es sans doute celui que je connais depuis le plus longtemps. Je sais que je serai mort avant minuit. J'ai voulu te dire au revoir. » Bouleversé, je tentai de le rassurer en lui disant que je le rappellerai le lendemain. Il rendit l'âme dans la nuit.

Mention spéciale au message laissé à ses proches et à ses lecteurs par Romain Gary : « Je me suis bien amusé. Adieu et merci. »

De Socrate à Napoléon Ier, l'Histoire est jalonnée par ces grands hommes qui tentèrent ou réussirent un suicide parce qu'ils ne voulaient pas laisser à leurs ennemis le soin de les faire disparaître.

À en croire les psychiatres, chez les sujets particulièrement dépressifs, la tendance se manifeste très tôt et, en dépit des sursis, ne se relâche jamais.

Les mots de la fin

L'homme a une si haute idée de lui-même, de son courage, de son esprit, qu'aucune célébrité ne décède sans qu'un proche ou assimilé rapporte son ultime propos. La plupart sont apocryphes mais lorsqu'ils sont drôles ou surprenants, personne ne songe à vérifier leur authenticité.

Si l'on est à peu près certain qu'en s'éveillant d'un long coma dans lequel il replongea presque aussitôt, Sacha Guitry ait dit à son médecin « Docteur, j'ai failli vous perdre », plus problématique semble être le « En avant ! » qu'aurait lancé à une troupe invisible le maréchal Foch avant de rendre définitivement les armes.

Napoléon Ier se montra moins combatif, « Mon fils… tête de l'armée… France ». Personne ne s'étonnera que les écrivains aient encore à cet instant plus d'imagination que les militaires. Rabelais est fidèle à son image lorsqu'il s'écrie « Tirez le rideau, la farce est terminée ! » De son côté, Montaigne tint à préciser « Ce n'est pas la mort que je crains mais de mourir ».

Quant à Voltaire, cerné par les prêtres qui espéraient de lui l'acceptation des sacrements, il fut encore assez lucide pour avertir ses proches, « Je m'arrêterais de mourir s'il me venait un bon mot ou une bonne idée ».

Georges Clemenceau fut moins patient qui, à la vue d'un abbé entrant dans sa chambre, fulmina « Enlevez-moi ça ! » Tandis que le très pieux Georges Bernanos confirmait les rapports privilégiés qu'on lui prêtait avec Dieu en proférant « À nous deux ! » Alfred de Musset, sentant venir le terme de ses quintes de toux, soupira « Dormir enfin ! Je vais dormir ». Victor Hugo, lui, fit preuve d'une belle lucidité lorsqu'il murmura « Allons ! Il est bien temps que je désemplisse le monde ! » Eugène Labiche qui, lorsqu'il était en pleine santé et pas encore veuf, évoquait plaisamment sa vie de couple – « Je fais des pièces, elle fait des scènes » – répondit à son fils qui lui suggérait « Papa, puisque tu vas revoir Madeleine [son épouse décédée], dis-lui bien que je l'aime toujours » : « Tu ne pourrais pas faire ta commission toi-même ! »

Jules Renard, plus tendre que ne laissait croire son *Journal*, présenta quasiment ses excuses à sa femme, « Marinette, pour la première fois je vais te faire une grosse grosse peine ».

Du fameux mot d'Oscar Wilde, « Je meurs au-dessus de mes moyens », on ne sait toujours pas s'il concernait le patron de l'hôtel d'Alsace venu lui présenter la note ou son médecin en retard d'honoraires.

Coups de chapeau à Sarah Bernhardt qui, pour s'habituer à l'idée de ne plus exister un jour, dormait toutes les nuits dans un cercueil dont l'intérieur était tapissé des plus belles lettres d'amour qu'elle avait reçues, aux fakirs qui entament leur momification de leur vivant et à Woody Allen pour une boutade articulée en pleine santé, « Je n'ai pas peur de la mort mais quand elle se présentera, j'aimerais autant être absent ».

C'était à l'enterrement de Pierre Lazareff, le magnat de la presse. L'inhumation venait de se terminer et, alors que des amis tentaient de l'entraîner hors du cimetière, j'entendis sa veuve demander : « Mais pourquoi n'attend-on pas Pierre ? »

Une préférence pour le sursaut de Paul Valéry au seuil de l'éternité. Pensant lui être agréables, ses enfants avaient transporté l'illustre académicien dans sa bibliothèque. Il contempla longuement les belles reliures que, durant toute sa vie, il avait collectionnées puis laissa tomber : « Tout ça ne vaut pas une belle paire de fesses. » Trois jours plus tard, il avait droit à des obsèques nationales.

C'est à un esprit aussi distingué quoique moins reconnu que revient toutefois la palme du mauvais goût. À Pierre Doris lorsqu'il s'écria, peu de temps avant de disparaître, « Sur le mur d'un cimetière, j'ai lu : Défense de déposer des ordures ; pourtant aucun corbillard n'a jamais fait demi-tour ».

C'est long la mort,
c'est court la vie…

Une légende tenace, jamais démentie par les rescapés, veut que lorsqu'on croit s'approcher de la mort on revoit toute sa vie. À condition, bien sûr, qu'on n'ait pas perdu la mémoire et que le récit d'une existence ne soit pas un roman-fleuve.

Il n'est que de rencontrer un ami de jeunesse perdu de vue depuis un demi-siècle pour se rendre compte qu'on n'a généralement pas fait grand-chose de notable entre le décrochage du premier emploi et la mise à la retraite.

J'en ai fait l'expérience avec un ancien condisciple du lycée Condorcet. Au temps de notre scolarité, prix d'excellence, il sautait les classes pendant que j'en faisais autant avec les filles. Lorsque nous nous retrouvâmes, il était devenu un grand notable surchargé d'honneurs, professeur agrégé de médecine et président d'austères organismes.

Désireux de « nous raconter les chapitres précédents », nous convînmes d'un déjeuner. Aux hors-d'œuvre, nous évoquâmes la salle des pas perdus de la gare Saint-Lazare où, en sortant du lycée, nous nous livrions à une drague maladroite et peu couronnée de succès.

C'est ensuite que les choses se gâtèrent. Bien avant que nous fussions venus à bout du plat de résistance, nous nous étions mutuellement tout dit : il avait poursuivi de très longues études et je n'avais pas le bac ; il avait dirigé des recherches pour le compte de laboratoires pharmaceutiques et j'avais effectué des reportages pour différents journaux. Ayant épuisé les flash-backs professionnels, nous passâmes à la vie familiale. Et ce fut encore plus bref : il avait eu, comme moi, deux enfants mais me battait de trois unités sur le nombre des petits-enfants. Il s'était remarié après avoir perdu sa première épouse et j'avais toujours la même femme. J'aurais accepté de comparer nos bonnes fortunes et nos voitures mais ce n'était pas son genre. Nous éludâmes également, faute de la mémoire des noms propres, les allusions aux professeurs et aux camarades que nous avions eus en commun.

Nous dégustâmes le dessert en silence, conscients d'avoir vidé complètement un sac que nous croyions mieux rempli. Nous ne nous sommes jamais revus et je suppose que les années qui survinrent ensuite n'ajoutaient rien à nos biographies respectives.

On s'avise du côté dérisoire de l'existence lorsqu'on demande à des centaines de braves gens ce qu'ils feraient s'ils n'avaient plus que huit jours à vivre et que, loin d'ambitionner exploits ou prouesses, ils répondent qu'ils ne changeraient rien à leur vie quotidienne.

Finalement, la vie valait d'être vécue…

Après avoir beaucoup vilipendé l'Humanité, je la regrette.

L'ambiance était plutôt sympathique sur Terre où, entre homicides et génocides, on était capable des plus beaux élans de solidarité pour sauver la vie d'un seul individu. Pour qui privilégiait la contemplation de la nature au spectacle des hommes, de bons moments presque tous les jours. Et puis, il y avait la satisfaction de nos sens et nos vices toujours étroitement mêlés : un repas gastronomique ; une partie de jambes en l'air ; les voyages même si je n'en ai jamais abusé après avoir constaté qu'au bout du monde les hommes et les femmes étaient toujours faits de la même façon et qu'à quinze mille kilomètres de Paris on se heurtait, en sortant de l'aéroport, à l'identique affiche de Coca-Cola.

Les bons sentiments permettaient de profiter de tous les conforts de la vie en feignant de se préoccuper du sort – mais sans lever le petit doigt pour les y soustraire – des moins heureux que soi.

Cependant, je participais de temps à autre à l'un de ces banquets « contre la faim » au cours desquels on se goinfre avec l'alibi d'envoyer un peu de nourriture aux affamés. Je donnais aux œuvres susceptibles de me remettre en contrepartie le reçu attestant ma générosité et les versements d'une somme déductible de ma masse imposable. J'ai aidé des jeunes. À prendre patience tandis que je m'accrochais aux places qu'ils auraient peut-être pu occuper s'ils avaient consenti à se comporter déjà comme des vieux. J'ai remonté le moral des anciens qui avaient pris leur retraite en leur assurant qu'ils avaient fait le bon choix et que je regrettais de continuer à travailler. Ce qui était faux.

Alors que le jour de la mort de monsieur de La Palice fut le dernier de sa vie, j'ai commencé à trépasser aux alentours de la soixantaine. Je m'en aperçus à des pensées récurrentes que, par superstition, je me gardais d'exprimer et qui, de ce fait, échappaient à mon entourage : conscience de plus en plus aiguë du côté provisoire de l'existence ; impuissance d'un système de santé qu'on ne parvenait pas à faire rimer avec immortalité. Entre deux crises de fous rires (la meilleure anesthésie connue pour l'angoisse métaphysique), je me sentais de plus en plus concerné par les épidémies de grippe et les catastrophes naturelles. Parce qu'un ingénieur des Ponts et Chaussées avait calculé que si le niveau de la Seine montait comme en 1900 l'eau envahirait le quartier des Ternes, je pensais à faire emplette d'une barque que j'aurais arrimée à la porte de mon petit jardin. Je ne voyais plus un nouveau-né sans penser qu'un jour il ferait un nouveau-mort.

Mais il aura fallu que j'atteigne le quatrième âge pour que, après la disparition de quelques contemporains, l'absence définitive prenne tout son sens. Auparavant, j'étais persuadé que les *de cujus*, après des petites vacances sous terre, allaient revenir parmi nous. Dorénavant, je me les représente éternellement immobiles et invisibles à jamais.

Sur la fin, j'avais parfois l'impression d'être déjà mort. Surtout le soir quand intervenaient des ombres fantasmagoriques qui me semblaient ne plus appartenir à la réalité. Même la journée, parfois, où j'avais l'impression de flotter dans l'air d'une pièce pourtant familière et basse de plafond. La nuit, j'adoptais une position de gisant. Au petit matin, je pensais ressusciter. Chaque nouvelle journée avait des allures de sursis. Au point qu'en relisant ces lignes, je me suis demandé plusieurs fois s'il ne s'agissait pas d'un ouvrage entièrement posthume.

Quatrième partie

LEXIQUE, LETTRES, PENSÉES ET ÉPIS-TAFFES

Petit lexique de l'au-delà

Absoute. Geste de l'officiant signifiant que rien ne s'oppose plus à ce que les survivants aillent déjeuner.

Âge. Si, encore vivant à partir d'un certain âge, on n'a plus d'âge, en revanche, on a ensuite jusqu'à la fin des temps l'âge qu'on avait quand on a disparu.

Âme. Son poids, établi en pesant ceux qui viennent de la perdre, est surestimé à 27 grammes.

Anges. Sont qualifiés de gardiens lorsque, sur Terre, ils ont servi dans la police.

Armoire à glace. Meuble à faire disparaître de la chambre des malades gravement atteints afin qu'ils ne se voient pas mourir.

Autopsie. Chirurgie trop tardive mais garantie sans douleur. Si un jour on procède à la mienne, on découvrira que je souffrais d'une hypertrophie du boyau de la rigolade.

Bénédictions. Mains que les prélats lèvent sans autre arrière-pensée brutale que de frapper les esprits.

Benoît XVI. Ressuscité par sa démission et par les eaux de la piscine miraculeuse de Castel Gandolfo.

Cadavre. Corps sans vie et donc sans problème.

Caillou. Atteste, lorsqu'il est déposé sur une dalle de marbre, le passage d'un ami trop pauvre pour s'être fait imprimer des cartes de visite.

Carnet du jour. Possibilité d'avoir enfin son nom dans *Le Figaro*.

Catafalque. Il est au cercueil ce que les emballages vides sont à la promotion de l'agroalimentaire.

Caveau. Obéit à la loi des compensations de feu Azaïs puisqu'il n'offre que des résidences souterraines à des gens qui logeaient le plus souvent dans les étages.

Cercueil. À un « f » près, passe de la viande froide à la salade.

Certificat de décès. Attestation qu'un de ses clients a cessé de respirer, délivrée par un généraliste à bout de souffle après trente ans d'escaliers.

Chanoine. Ecclésiastique grassouillet qui, alors qu'un peu d'exercice lui ferait du bien, ne quitte pas son siège durant toute la messe.

Chapelet. Ficelage de mains jointes.

Chapitre. Réunion de chanoines en train de lire leur bréviaire.

Chasuble. Félin qui s'attaque parfois aux enfants.

Chœur. Enclos qui, dans les églises, est aux chanoines ce qu'à l'hippodrome de Longchamp la tribune est aux propriétaires.

Christ. Surnommé bien avant le fils Mitterrand « Papa m'a dit ».

Cimetière. Quartier sans délinquance.

Communication. Apparition d'une nouvelle angoisse puisque si un jour je vérifie la réalité de l'immortalité de l'âme, je serai incapable, malgré mon sens de la solidarité et ma qualification journalistique, de communiquer la bonne nouvelle aux vivants.

Concession. Comme son nom l'indique, faveur immobilière faite à un défunt sous forme de baux de durées variables.

Condoléances. Regrets d'avoir perdu un ami ou une matinée.

Convoi. Véhicule ainsi appelé par antiphrase parce qu'on n'y voit rien.

Corbillard. Ultime épisode de la lutte des classes. Seule occasion pour un grand patron ou pour un milliardaire d'être encore conduit par un chauffeur à casquette.

Cours de catéchisme. Petite boutique spécialisée dans le prêt-à-prier.

Croix. Symbole commun pour le signe aux croyants et pour la signature aux analphabètes.

Croque-mort. L'encéphalogramme plat le dispense désormais de suçoter des gros orteils pendant les heures de boulot.

Défunts. Moins regardés que les concurrents de la télé-réalité, ils sont pourtant soumis aux mêmes contraintes d'enfermement et de promiscuité.

Dispense. Lors de ses obsèques, le défunt n'est plus tenu de se lever et de s'asseoir sans arrêt.

Denier de Saint-Pierre. Argent dont le premier évêque de Rome n'a jamais vu la couleur.

Discours. Façon d'occuper le terrain sans y être enseveli.

Division. Bataillon de l'armée des Morts. À leur nombre, on estime l'importance d'un cimetière comme celle d'un pays.

Eau bénite. Avant-goût de l'au-delà. Fade !

Encens. Aimable pour les morts et, selon les dernières découvertes, toxique pour les vivants.

Enfant de chœur. Remplit l'aumônière et vide les burettes. Bénéficie de contacts privilégiés avec le bas clergé.

Enfer. Destiné aux esprits forts qui ont nié le réchauffement de la planète.

Escort-girl. Femme qu'on a connue lorsque l'épouse était en vacances et qui s'est dérangée pour voir quelle tête elle a.

Espérance de vie. Désespoir des héritiers.

Euthanasie. La gauche qui, en 1981, avait aboli la peine de mort pour les criminels, propose de la rétablir pour les grands malades.

Extrême-onction. Pot d'adieu. Confirme que le pire est parfois sûr.

Famille. Là-haut, cellule élémentaire de la société ; en bas, compagnon de captivité.

Faire-part. Porte un deuil à la connaissance de gens qui ne le portent plus.

Feu follet. Brillance posthume d'individus qui n'ont pas toujours été des lumières.

Fleurs. Condoléances végétales.

Fosse commune. Sépulture égalitaire conçue pour que les habitués des transports publics ne soient pas dépaysés.

Gazon. Plus vert dans les cimetières résidentiels où les bourgeois repus fournissent un meilleur engrais.

Grégorien. Chant qu'on peut fredonner avec pour partition le calendrier du même métal.

Guillotiné. Seul défunt pouvant encore, après sa mort, mettre la tête entre les jambes.

Hostie. Jean Yanne prétendait que si on les fourrait au jambon, il y aurait plus de monde à la messe.

« **Il nous a quittés** ». Formule hypocrite pour annoncer le départ de quelqu'un qu'on n'a pas su retenir.

Ite missa est. Expression latine à l'aide de laquelle le prêtre annonce aux fidèles que l'affaire est dans le sac.

Latin. Langue complètement morte puisqu'on ne la parle même plus dans les presbytères.

Limbes. Accueillaient les enfants mort-nés avant qu'on invente les couveuses.

Ludique. La date de la mort de chacun d'entre nous ne saurait être plus prévisible – au moins tant qu'on est en bonne santé – que la sortie du zéro sur une table de roulette. Et c'est peut-être mieux ainsi. Car le jour où la science permettra à la naissance d'un enfant de savoir combien de temps il vivra, la panique remplacera le doute.

Mécréant. Ancien catéchumène qui, pour des raisons de rimes, ne croit plus qu'au néant.

Messe du bout de l'an. Un petit chouia pour le curé.

Millénaire. Centième de seconde de l'éternité.

Missel. Aide-mémoire de l'officiant ainsi appelé parce qu'aux premiers siècles il présentait souvent des taches de beurre salé.

Mitre. Bonnet d'évêque qui permet d'identifier un prélat sous une nef et un bon restaurant lorsqu'il s'agit d'une serviette sur la table. Les carabins assurent encore à leurs cousins qu'il faut la prendre à deux mains.

Moribond. Agonisant agité.

Mort pour la France. Se dit de ceux qui sont tombés au champ d'honneur sans qu'il faille en induire que les autres sont morts pour rien.

Morte-saison. Période durant laquelle l'augmentation de l'espérance de vie a plombé plus de bilans que de cercueils. Les affaires ont ensuite repris normalement.

Morts. Mieux gardés que les vivants. À l'exception de Charlie Chaplin dont (pendant quelques semaines) le cercueil fut dérobé par des malfrats en quête de rançon, on s'évade beaucoup moins des cimetières que des prisons.

Musiques et chants. Il n'est pas indispensable que le défunt les ait appréciés de son vivant puisque la mort le dispense de les entendre.

Nef. Toujours très haute afin que les fidèles se sentent encore plus petits.

Obsèques. Entraînent beaucoup de frais en l'honneur de quelqu'un que la dépense laisse froid.

Ostéoporose. Maladie des futurs squelettes.

Paradis. Garantie fantaisiste d'être plus heureux sous terre qu'au-dessus.

Passer à la postérité. Être encore présent dans certaines mémoires après une année d'absence.

Perpétuité. Inquiète le condamné. Rassure le défunt.

Pleureuses. Veuves d'un jour qu'on ne trouve qu'en Corse.

Poêle. Au masculin, on en tient les cordons ; au féminin, la queue.

Porteurs. Sans leurs biceps, le défunt ne quitterait pas son domicile et encombrerait sa famille. Ils ne peuvent plus être payés par chèque.

Prie-Dieu. Facilite la position du missionnaire.

Prière. Supplique souvent quotidienne des religieux et des superstitieux qui croient qu'on peut obtenir une guérison comme naguère on faisait sauter une contravention.

Procession. Défilé non syndical.

Purgatoire. Paradis des constipés.

Quatrième âge. Dernière étape avant plus d'âge du tout.

Quête. Ultime BA du défunt, effectuée avec l'argent des autres.

Rappel à Dieu. Sur le moment, guère mieux perçu que ceux du fisc par des familles pourtant croyantes.

Ratichon. Prêtre qui intervient sur une tombe avant de laisser la place aux rongeurs.

Regrets éternels. Banderoles ceinturant une gerbe et dont les lettres dorées ne sont plus lisibles au bout d'une semaine.

Reliquaire. Écrin à saints.

Résurrection. Exception confirmant la règle.

Rotule. Articulation la plus sollicitée chez les croyants dont la patronne est sainte Synovie.

Saint-Barthélémy. Grand ménage théologal.

Saintes huiles. Graissent les habits sacerdotaux.

Sapin. Arbre à l'odeur prémonitoire. Exemple : « Ça sent le sapin ! »

Saules. Pleurent plus longtemps que les familles et apaisent, *via* l'aspirine, les migraines des veuves.

Spectre. Fantôme en mauvaise santé.

Suaire. Manteau pour l'éternité, joliment décoré lorsqu'il est fabriqué à Turin.

Succession. Longue série de démarches et de haines.

Suisses. Si l'Église les coiffe d'un chapeau de gendarme, c'est à la fois pour faire rire les enfants et pour qu'on ne les confonde pas avec les banquiers genevois.

Sursitaire. Se disait avant la suppression du service militaire des plus de 25 ans n'ayant pas rejoint leur corps. Se dit aujourd'hui des plus de 90 qui sont en train de perdre peu à peu le leur.

Te Deum. Tisane pour un contemporain qui a bu la tasse.

Terminale. Se dit indifféremment de la dernière phase des études secondaires et de celle d'une maladie grave.

Théologien. Érudit qui puise dans les textes saints de quoi oublier que Dieu refuse toutes les interviews.

Veuve. Toujours les yeux rouges mais moins de voiles noirs.

Vieillesse. Maladie mortelle qu'à l'instigation des caisses de retraite on traite par le mépris.

Lettres et le néant,
courrier posthume

À ma petite fée

Ma chère Sabine,

Comme tu as été ma dernière infirmière, c'est ton image que j'ai emportée dans la tombe alors qu'on m'avait dépouillé de tout le reste. Je peux t'avouer que, la veille de te perdre, je t'imaginais encore nue sous ta blouse blanche. Si, dans la clinique qui t'emploie, j'avais été mieux soigné, je t'aurais, en sortant, demandé en mariage.

Je t'embrasse le bout des doigts comme je le faisais encore la semaine dernière pour te remercier d'avoir ôté le pied de mes tuyaux.

À mon dernier coiffeur

Cher monsieur,

Je suis confus de n'avoir pu vous remercier de vos bons offices ni d'avoir parlé avec vous, selon la tradition, de la pluie et du beau temps. À la demande de ma veuve, vous êtes venu me raser de près afin, comme elle le souhaitait, de me rendre « plus présentable » sans préciser à qui j'allais être présenté.

Vous avez fait correctement votre travail mais en oubliant qu'après chaque décès, le poil continuait à pousser pendant un grand mois. Je m'en suis donc allé vers le néant, barbu comme je ne l'avais jamais été. Je vous souhaite des clients plus causants que moi.

À mon ultime habilleuse

Ma chère femme,

Si tu me voyais autrement que dans tes cauchemars, je pense que tu serais fière de moi. Le complet bleu à rayures que tu m'avais choisi comme d'habitude, c'est-à-dire sans me demander mon avis, s'harmonise parfaitement avec le blanc uni du capiton. Bien sûr, la cravate apparaît un peu superflue en cet endroit où l'on n'a, très rapidement, que le squelette pour tout dressing. Merci également pour les belles chaussures noires que je n'avais jamais portées même si elles font un peu pompes funèbres.

Ainsi équipé, j'ai l'assurance que, si un jour on soulève mon couvercle, on verra que j'étais un bourgeois.

Prends bien soin de ta personne. N'oublie pas que tu es encore ma moitié.

À l'entrepreneur de pompes funèbres

Monsieur le directeur,

La plus grande part du succès de mes obsèques dont, annoncées comme la vedette, je n'aurai été qu'un figurant muet, vous revient. En dehors de la partie chantée qui ne m'a pas trop plu, vous avez tout orchestré de main de maître. Je ne suis pas près d'oublier l'émotion contenue que vous avez manifestée à chaque station de mon calvaire. Vous avez su, en ces occasions, réunir les miens mieux que je ne l'avais fait pour presque tous mes anniversaires. J'ai apprécié que, tout en respectant l'horaire, vous ne précipitiez pas mon départ de mon dernier domicile doté de portes et fenêtres. Votre personnel a été à l'unisson : grave, l'air peiné alors que la plupart, ayant pris leurs fonctions après la fermeture du couvercle, ne m'avaient jamais vu. J'imagine que si ma veuve avait accepté le petit « supplément glycérine » que vous lui proposiez, ils auraient pleuré avec elle. Aux sanglots de ma chère épouse, s'inquiétant de son avenir plus que du mien, j'ai cru percevoir la peine d'avoir beaucoup dépensé et j'en ai conclu que vous n'y étiez pas allé de main morte. Mais c'est toujours ça que le fisc n'aura pas. Enfin, j'ai regretté que, pour distraire les non-croyants pendant ma messe, vous n'organisiez pas un de ces petits jeux de société comme, paraît-il, vous le faites pour meubler l'entracte interminable d'une crémation.

Croyez, monsieur le directeur, – et pour une fois ce n'est pas une clause de style – à ma reconnaissance éternelle.

Aux assistants de mon dernier spectacle

Avec retard, je tiens à vous remercier de m'avoir si gentiment accompagné dans un théâtre d'ombres dont je suppose que vous avez immédiatement oublié l'adresse. À ceux qui sont arrivés en retard ou qui sont partis avant la fin, je signale qu'il n'y aura pas d'autre représentation.

À mon ancien professeur de catéchisme

Monsieur l'abbé,

Je viens d'arriver mais je ne voulais pas tarder davantage à vous informer que je suis horriblement déçu. Rien de ce que vous m'aviez annoncé ne s'est concrétisé. D'abord, je ne suis pas au ciel mais sous terre. Au lieu et place des anges à petites ailes que vous m'aviez laissé entrevoir, je n'ai vu qu'une grosse araignée. Enfin, non seulement le Saint-Père ne s'est pas déplacé mais le Conservateur n'a pas jugé utile de me souhaiter la bienvenue. Ne parlons pas du Bon Dieu que vous citiez à tout bout de chants grégoriens. C'est peut-être pour nous ressembler qu'il s'est fait porter pâle. Je souhaiterais donc qu'à l'avenir vous épargniez vos sornettes aux enfants dont vous avez la charge. En ce qui me concerne, j'ai l'intention de profiter de mon premier jour de sortie ou d'une permission exceptionnelle pour aller déposer au commissariat des Batignolles dont je dépends désormais, une plainte pour propagation de fausses nouvelles et publicité mensongère.

P.S. : Je vous adresse ce courrier à la cure ne sachant plus – ça va vous faire rire... – où vous toucher.

À ma veuve remariée avec mon meilleur ami

Ma pauvre Marie-Mathilde,

Tu as choisi le plus con et tu as eu raison car il était aussi le plus docile. De mon vivant, je n'éprouvais aucune jalousie lorsque tu me trompais. Alors, tu penses bien que mort, je m'en bats l'œil que tu as fermé. Je n'en veux pas davantage à Gustave, sinistré du bulbe, mais qui est un brave type. Sauf que, comme le disait à peu près Sacha Guitry, encore plus cocu que moi, je déplore qu'un tiers puisse savoir de quoi je me contentais.

Je t'embrasse, comme je le faisais machinalement chaque soir, t'ayant rencontrée trop tard pour abuser de l'amour que tu me témoignais, nonobstant nos 60 ans de différence d'âge.

P.S. : Si tu as mieux à faire à la Toussaint, passe ton tour et fais l'économie des chrysanthèmes.

Au nouveau mari de ma femme

Mon pauvre Gustave,

Avant de m'absenter pour l'éternité, je t'avais recommandé de protéger ma femme. Tu as cru bon de la couvrir. Classique, puisque tu étais mon meilleur ami. Sans doute n'as-tu pas attendu que je sois allongé ici pour t'étendre aux côtés de Marie-Mathilde dans notre lit conjugal.

Je te souhaite tout le plaisir qu'elle n'a pas su me donner.

À la famille

Salut, la smala,

Rien à signaler.

Calme complet.

On ne m'a jamais laissé autant tranquille.

Bises.

À mon aîné

Mon fils bien-aimé,

Ton peut-être regretté papa se demande si tu as su mieux gérer son héritage que tu n'avais employé l'argent qu'à plusieurs reprises il avait dû te donner pour renflouer les sociétés dont il t'avait confié la direction. Parti comme tu étais, tu as dû profiter de mon absence pour mettre toute la famille sur la paille.

Peu importent les risques pris et les erreurs commises, si tu écoutes ce conseil : veille toujours à être insolvable. Ce que je suis également aujourd'hui.

P.S. : Ne vends ma montre en or qu'à la toute dernière extrémité.

Au reste de ma descendance

Mes chers enfants, petits-enfants, arrière-petits-enfants,

Je suis parti trop précipitamment pour vous recommander d'être gentils avec votre dernière belle-mère, la jeune femme que j'ai épousée contre votre volonté parce qu'elle avait su faire battre mon vieux cœur. Laissez-lui quelques jours pour quitter l'appartement dont je n'avais pas eu le temps de lui faire donation. J'ai regretté qu'à la messe qui a précédé mon inhumation, vous l'ayez relayée au dernier rang avec la femme de ménage. Bien sûr, elle n'était pas votre mère. Mais elle était belle et serviable. Je vous souhaite, sur le plan sentimental et sexuel, de faire encore plus de bêtises que moi.

Au connard qui peut se brosser

Infortuné crétin,

Pendant des années, tu m'as entouré de prévenance et couvert de petits cadeaux avec l'espoir – non dissimulé sur ma fin – que je te coucherais sur mon testament. Je n'en ai rien fait. Je suppose que tu as téléphoné au notaire pour t'étonner de ne pas avoir été convoqué. C'est moi qui en avais décidé ainsi. Afin de t'épargner la honte et le regret d'avoir été oublié. Je n'ignore pas qu'un petit legs aurait arrangé tes finances. J'espère toutefois que tu ne mourras pas de faim et que tu ne me rejoindras pas trop vite car, à Montmartre, nous tenons à rester entre gens de bonne qualité.

Va te faire foutre !

Au mari de ma fille

Mon cher gendre,

Je ne voudrais pas laisser passer davantage d'un temps dont je ne mesure plus très bien l'écoulement sans vous remercier d'avoir assuré mon dernier confort. La jolie boîte en chêne que vous m'avez offerte en guise de cadeau de départ s'est révélée d'une étanchéité parfaite.

Je forme le vœu que le mari de votre fille vous traite aussi bien, le moment venu.

À mes proches

Chers tous,

Vous devez trouver que je ne donne pas souvent de mes nouvelles. J'en ai autant à votre service. J'aurais pourtant bien aimé savoir qui a payé la note du restaurant lorsque, après le glas, vous vous êtes tapé la cloche.

La prochaine fois que vous viendrez me visiter à Montmartre, essayez de glisser un petit message sous la dalle comme on le fait, à Jérusalem et à l'adresse du Tout-Puissant, dans les anfractuosités du Mur des lamentations.

À mon généraliste

Cher médecin référent,

Vous ne m'avez laissé sans soins qu'une seule fois. En mourant avant moi. Vous êtes parti le premier. Normal puisque vous étiez le meilleur des généralistes. Sur le moment, je m'en suis à peine étonné sachant que souvent, par conscience professionnelle, vous aviez expérimenté un traitement avant de me le prescrire. J'étais associé à vos diagnostics car vous commentiez leurs cheminements à mon usage. Tant de science aurait dû vous rendre immortel. Mais vous la réserviez aux autres en négligeant vos propres maux. S'il existe un paradis des praticiens, vous y êtes allé directement et, tel que je vous connaissais, sans abandonner l'appareil servant à mesurer la tension sur tous les bras qui se tendaient vers vous. Je vous imagine, toujours bel homme, au milieu de jolies infirmières dans un décor plus aseptisé que le mien. Vous vous montriez économe de vos visites et de vos ordonnances. La Sécu qui vous devait une fière chandelle n'a pas, à votre mémoire, allumé une seule bougie.

Je profite de ce que vous n'appréhendez plus la contagion pour vous embrasser.

À mes vieux copains

Mes chers potes,

Je suis toujours, moi qu'on accusait d'être instable, là où vous m'avez laissé. J'occupe le sixième niveau d'un immeuble dont le septième est encore libre. Il n'y a pas d'électricité mais le gaz fonctionne à tous les étages.

Buvez, bâfrez, riez et lutinez jusqu'à votre dernier jour.

À ma bête noire

Mon épouvantable Hector,

Tu as passé ta vie à compliquer la mienne. Du plus loin que je me souvienne – au lycée puis dans le groupe de presse où, inexplicablement, tu fus mon supérieur – tu as toujours essayé de me faire endosser la responsabilité de tes méfaits. C'est toi qui as avisé les professeurs que je copiais par-dessus ton épaule. C'est toi qui, pendant l'Occupation, a dénoncé ma famille à la police allemande dans l'espoir de récupérer notre appartement, plus grand que le tien. C'est toi qui m'as volé ma première femme et refusé de me délivrer de la dernière. Comme nous étions nés la même année, j'aime à croire que tu es à peine plus fringant que moi. Et pour la première fois, cet état me réjouit car je sais, par expérience, qu'il n'est pas fameux et qu'il ne s'améliorera pas. Je suppose que tu t'accommoderas parfaitement de l'enfer puisque, avant d'y aller, tu étais déjà grillé.

Ton vieux compagnon qui ne cessera jamais de te haïr.

À la petite-cousine qui m'a permis,
sans avoir besoin de faire ma médecine,
de jouer au docteur

Chère Marie-Rose,

Te souviens-tu qu'en me gaussant de ton prénom je t'assurais que tu tuerais l'époux.

Parce que tu étais la plus sexy et la plus délurée, tu as su éveiller mes jeunes ardeurs. Si nous ne sommes pas allés très loin, je te dois d'avoir localisé très tôt l'endroit où se déclarent les crises d'appendicite.

À la plus inaccessible des femmes

Chère voisine de palier,

J'ai disparu de votre horizon depuis mon dernier déménagement mais je vous ai conservée en ligne de mire. Alors que la cuisse était la partie la plus légère de votre généreuse anatomie, vous avez toujours refusé mes avances sans doute, murmurait la concierge qui ne vous aimait pas et qui vous trouvait « trop intéressée », parce qu'elles ne s'accompagnaient pas d'à-valoir. Drapée dans votre vieux peignoir de pilou et votre vertu outragée, vous vous êtes refusée à moi dont vous connaissiez pourtant la famille, alors que nous nous fournissions chez le même crémier et que personne n'ignorait que votre entrecuisse était le rendez-vous de tous les mâles en chaleur du quartier.

Je vous envoie au diable dont, à la fin du mois, vous avez si souvent tiré la queue.

À mes restaurateurs

Chers grands Chefs,

Rétrospectivement, j'ai un peu honte que vous vous soyez donné tant de peine pour me servir des chefs-d'œuvre encore plus périssables que moi. Grâce à vous, l'euphorie digestive a souvent eu raison de mes mélancolies. Vous m'avez offert mes dernières joies de vivre. Aussi à l'aise devant les micros que derrière vos fourneaux, vous rivalisiez d'imagination et de talent. Jamais la fameuse « Valeur ajoutée » baptisant une taxe qui nous rançonne de plus en plus ne m'a paru aussi justifiée que lorsqu'elle figurait sur vos additions. De surcroît, vos livres de recettes ont sauvé l'édition française. Jamais je n'ai cru un seul mot des classements, naturellement venus de l'étranger, qui reléguaient aux troisième et quatrième rangs notre chère gastronomie française. Vous n'êtes plus les seuls mais vous demeurez les meilleurs. Je lève à votre santé un verre que vous ne remplirez plus jamais.

À mon garagiste

Cher mécanicien,

Je vous écris du parking éternel en espérant que votre dernière facture a été honorée par le notaire chargé de ma succession. Pendant plusieurs décennies, vous m'avez vendu des voitures pas très solides avec la seule ambition de me revoir souvent lorsque je vous demanderai de les réparer. Les pannes, génératrices de nos retrouvailles, ont été si nombreuses que nous avons fini par devenir amis. Je vous suis redevable d'un vocabulaire technique me permettant de parler d'égal à égal avec n'importe quel chef d'atelier. Au moins le croyais-je avant de découvrir qu'ils riaient sous cape lorsque j'utilisais des vocables aussi démodés que bougie ou delco. Sur la fin, vos factures avaient empiré en même temps que mon état. Vous prétendiez que c'est lorsque les véhicules à moteur ne roulent plus qu'ils ont davantage besoin d'être entretenus. Je n'ai jamais compris pourquoi vos ouvriers passaient trois heures à serrer un boulon là où autrefois ils n'y consacraient que dix minutes. Et puis cette manie que vous aviez de changer systématiquement tous les fluides, comme vous les appeliez, après une intervention aussi bénigne que celle nécessitée par le remplissage du lave-glace. Vos charges avaient augmenté mais c'est moi qui les supportais. La pression des écolos étant plus importante que celle des pneus, des taxes nouvelles sont nées comme celle concernant « la participation déchets recyclages ».

Mais le poste le plus important est resté celui de la main-d'œuvre, affirmant ainsi la prééminence de l'homme sur les pièces détachées. La grande panne m'a permis de ne plus recourir à vos services. C'est toujours ça d'économisé.

À la belle inconnue de la plage

Je t'ai gardée pour la bonne bouche en souvenir de la tienne qui était succulente. J'ignore ton nom et ça m'étonnerait que le mien te dise quelque chose. Nous nous sommes rencontrés un soir. C'était, s'il m'en souvient bien, en Bretagne et aux alentours de la quarantaine. La nuit que nous avons passée ensemble sur le sable d'une plage est d'autant plus unique qu'il n'y en a pas eu d'autre. Et cette missive est parfaitement désintéressée puisque tu es partie sans laisser d'adresse, tout juste un parfum.

Ton amant de passage.

Au plus détestable de mes contemporains

Mon cher Connard,

À l'école, tu méritais l'excellence alors que je ne décrochais que le prix de camaraderie.

Tu as été admis à Polytechnique le jour où j'ai été renvoyé du lycée. Tu as fait le tour du monde alors que je me suis contenté de mes vacances au Tréport. Tu es devenu riche et célèbre alors que partout on me demandait de justifier mon identité. Tu as eu toutes les femmes que tu désirais, y compris plusieurs des miennes. On te citait toujours en exemple. Moi en correctionnelle. Quand tu es devenu vieux, on t'a couvert d'honneurs et moi de lainages. Aussi voudrais-je te dire ce qui me brûlait les lèvres lorsque je les mordais jusqu'au sang pour ne pas me montrer inconvenant : je t'emmerde !

À mes autres fournisseurs

Chers patentés,

Votre chagrin a sans doute été l'un des plus sincères qu'a provoqué ma disparition. En bonne logique, c'est ma famille qui aurait dû vous présenter ses condoléances. Ma disparition vous a plus ou moins touchés selon que vous me vendiez du pain de campagne dont la mort m'a ôté le goût ou des assurances vie qui ne m'ont pas empêché de mourir. Mais je prévois que je vais beaucoup vous manquer surtout à l'heure du bilan de fin d'année. Ne serait-ce que parce que, à la saison des soldes, vous perdiez sur chaque produit, je vous pardonne d'avoir le reste du temps succombé à la malhonnête tentation de me vendre tout quatre ou cinq fois plus cher que vous ne l'aviez payé. Les moins sportifs d'entre vous disaient qu'ils faisaient « la culbute ». De nouveaux clients, plus fortunés et plus généreux (ce ne sont pas toujours les mêmes), vous consoleront.

À un amour impossible

Lydie,

J'ai expiré trop tôt pour te dire tout ce que tu m'inspirais. Parfois j'avais l'impression que tu t'intéressais à moi mais au moment où tu commençais à me regarder, ton colosse de mari interposait entre nous ses 120 kilos frottés à la bière blonde. Si tu n'es pas morte et que « le Gros », comme tu le nommais devant lui en profitant de sa surdité, interrompt sa surveillance, fais-moi savoir – en m'envoyant une lettre aussi parfumée que toi et adressée aux « tombes restantes » – que je ne t'étais pas complètement indifférent.

P.S. : Ce n'est pas parce que tu ne m'avais jamais ouvert ton lit que j'ai omis de te coucher sur mon testament. Mais parce que j'avais déjà utilisé tout ce qui échappait à la « réserve héréditaire ».

À mon toutou

Mon cher quatre pattes,

Ton absence me pèse bien plus que celle de nombre des bipèdes. Toi qui m'as aimé fidèlement et sans aucune arrière-pensée en dehors des moments où je te servais ta pâtée. J'espère que la famille, dont tous les membres ne te voyaient pas d'un œil aussi tendre que le mien, continue à t'acheter les croquettes de ton invariable menu. Je te suppose en bonne forme car j'avais lu, avant de disparaître, que les animaux de compagnie bénéficient d'une augmentation de leur espérance de vie comparable à celle de leurs maîtres. Si j'avais encore une dernière volonté à exprimer, ce serait que tu montes la garde devant mon caveau. Tu serais aux anges, toi qui aimais tant les os...

AVANT DE DEVENIR POUSSIÈRE,
L'HOMME N'EST QUE MOTS...

Le seul problème posé par la mort tant qu'on est vivant tient à l'idée qu'on s'en fait. Y penser chaque jour n'y prépare en rien car la vie tant qu'elle se poursuit est un démenti quotidien à la mort.

Les femmes qui vieillissent moins bien que les hommes en souffriraient moins si elles ne vivaient pas plus longtemps qu'eux.

Tant qu'il y aura encore des survivants provisoires, la mort définitive ne sera pas vraiment prise au sérieux.

Que d'argent dépensé, que d'efforts déployés, pour maintenir en vie des condamnés à mourir.

Celui qui a créé la vie est aussi responsable de la mort.

Si les riches et les pauvres ne sont pas égaux devant la mort, c'est parce que les riches sont certains d'y perdre une partie de leur confort alors qu'on a fait croire aux pauvres qu'ils seraient mieux logés dans un cimetière que dans une HLM.

Exemple de curiosité morbide : un confrère est mort. Il avait mon âge et à peu de chose près mon parcours. Je dévore sa nécrologie pour savoir à quelle sauce je serai accommodé avant que les rats ne me boulottent.

L'humoriste qui a comparé l'Humanité à un vaste hôpital dont les malades changent frénétiquement de lit aurait pu compléter la métaphore en évoquant cette raideur cadavérique, plus efficace que le Viagra.

Le législateur a sagement agi en interdisant d'installer l'urne sur la cheminée du salon qui plombait tant l'ambiance lorsque froufroutaient les veuves joyeuses.

S'il existe une expression inutilement pessimiste, c'est bien celle de « ne pas faire de vieux os » alors que notre squelette, lui, est intact pour l'éternité.

Salauds de vivants qui se débarrassent, dans certains pays, le jour même de leurs morts en les enfouissant comme des dangereux déchets nucléaires ou industriels !

L'existence des anges est une hypothèse théologique. Celle des rats une réalité zoologique.

La fin des haricots est le début des chrysanthèmes.

Le pari risqué du trépas : croire qu'on va rejoindre ses morts sans avoir l'assurance de les retrouver.

« Il est mort. » Ainsi annonce-t-on, comme s'il s'agissait d'une banale entorse, la fin d'un d'être vivant. Toujours sans révolte. Souvent sans chagrin.

La baisse de température constatée chez les morts a refroidi plus d'un vivant.

Si l'on veut une belle nécrologie et une belle sépulture, il ne faut pas attendre d'être mort pour occuper le terrain.

On devrait diversifier les pierres tombales afin que, dans une nécropole, on reconnaisse au premier coup d'œil le croyant en attente de paradis du mécréant qui a pris un aller sans retour pour le néant.

C'est un grand miracle que l'amour physique rassemble toujours autant d'adeptes en dépit de la principale fonction des organes reproducteurs et des orifices naturels.

Pourquoi encourage-t-on la natalité puisqu'on n'enregistrera pas davantage de naissances sans qu'il se produise, à terme, davantage de décès ?

Les défunts forment le plus grand club de l'histoire. Seule formalité pour y être admis : expirer et ne plus respirer. Moyennant quoi, le plus obscur bipède se retrouve à égalité avec Alexandre le Grand et Einstein.

Si l'impôt sur les successions n'existait pas, chaque décès relancerait davantage la consommation des ménages.

Vingt ans d'études en moyenne, souvent plus, servent surtout à former un futur mort.

En cas de mauvaise santé, il n'y aura aucun retour sur investissement.

Je rêve parfois d'une seconde résurrection qui donnerait de l'encens à moudre aux religieux. Mais aussi des sueurs froides aux caisses de retraite.

Pour qu'au Jugement dernier, tous les morts trouvent place dans la vallée de Josaphat, ne faudrait-il pas, dès demain, rendre obligatoire la crémation en prévoyant un nombre de cendriers suffisant pour accueillir les grands brûlés volontaires.

J'imagine le suicide d'un désespéré qui, ayant décidé de mourir de rire, fait appel à tout ce qui ici bas provoque la rigolade. Du gaz hilarant au coussin péteur.

La mise au point de petites dragées bleues favorisant la vascularisation pénienne donne enfin un peu de crédit à la boutade du vieil humoriste qui prétendait que la plus belle mort pour un octogénaire était d'être tué par un mari jaloux.

Quand le diable commence à le tirer par les pieds, l'agnostique fait moins le Malin.

Les vieux s'inquiètent de l'avenir alors qu'ils n'en ont plus aucun. Les jeunes se refusent à tout projet.

Puisque au seuil de l'éternité, on croise les mains d'un homme très pieux, est-ce qu'on ne pourrait pas croiser les jambes d'une dame qui a beaucoup accordé ses faveurs ?

La mort est une ascèse, qui permet de retrouver sa modestie originelle, lorsque après avoir frimé un peu pendant les obsèques, on rentre dans le rang pour l'éternité.

À l'égard de Dieu, l'homme pèche par anthropomorphisme comme envers ses animaux de compagnie puisqu'il croit que caresser le Tout-Puissant dans le sens de la prière lui vaudra son indulgence et son soutien.

Célébration du quatre-vingt-cinquième anniversaire d'un très vieux copain. L'orateur de service s'exclame « Tu nous enterreras tous. » Compte tenu de la fonte musculaire, il faudra plutôt offrir un marteau-piqueur qu'une bêche à l'éternel fossoyeur.

Les hommes se rencontrent, s'aiment et s'étripent sans jamais tenir compte de leur propre disparition. Sauf quand ils spéculent sur la mort des autres. Exemple : le viager.

Douleur de naître, douceur de mourir : on crie plus fort à l'arrivée qu'au départ.

Spectateur assidu de soi-même, on est pourtant souvent le dernier informé de l'arrêt des représentations.

Le jour où l'on ne mourra plus, de quoi aurons-nous l'air à Montmartre ?

Moisson d'épis-taffe pour la Grande Faucheuse

– Ci-gît Germain Le Long dont l'existence fut si courte qu'il n'eut pas le temps de rembourser les fonds que la collectivité lui avait avancés pour sortir dans la botte de Polytechnique.

– Maquereau dans sa jeunesse, il a quitté ce monde comme un vieillard en sort.

– Dernier occupant de ce caveau de famille, il était venu souvent en repérage.

– Ci-gît le capitaine de gendarmerie Lucien Pandore. Après avoir durant quarante ans poursuivi les amateurs de vitesse, il repose au paradis du point mort éternel.

– Sa dalle étant trop en pente, le soûlot est passé sous terre.

– Ici repose en paix un homme qui eut six femmes. Bien vu la paix.

– Ici repose en paix pour la première fois Charles Édouard Sylvain, homme politique malmené par ses électeurs, traqué par les journalistes et soupçonné de conflit d'intérêts pour avoir, durant ses traversées du désert, vécu, comme Karl Marx, aux crochets d'une femme très riche.

– Le dernier rôle de Juliette Cinoche, artiste de complément, est toujours muet.

– Ici est allongé pour un bon bout de temps Noël Le Moreau qui disparut le premier jour de sa retraite et n'eut même pas le temps de s'asseoir dans le rocking-chair offert par ses collègues de boulot.

– C'est bien la première fois qu'il ne fait pas de procès à ses voisins.

– Après une longue carrière à EDF, Bertrand Lambda s'est éteint à Bougie (Algérie).

– Ici peut enfin faire la sieste Lionel Duclou qui habitait près d'une école.

– Cette urne contient les pauvres restes de Guillaume Chombier, flambeur impénitent que sa fréquentation des casinos avait contraint à ne laisser à ses enfants que ses cendres.

– Il a longtemps vécu de la mort avant d'y succomber.

Postface

RIEN NE PRESSE...

N'ignorant pas que, dans le domaine que j'avais l'ambition d'explorer, les témoignages étaient aussi suspects que rarissimes, j'ai préféré devancer le rappel et faire œuvre d'imagination en me glissant dans la peau de ceux qui n'en ont plus. Démarche qui explique le flou de certaines descriptions.

Qu'on ne s'y méprenne pas toutefois. Ce vagabondage funèbre et funéraire ne signifie pas davantage que je crois en l'au-delà qu'il en faut conclure que je refuse l'hypothèse d'une vie après la vie. Si Dieu n'est pas plus présent dans ce modeste ouvrage, c'est parce que l'absence est son principal atout, de la même façon que si l'auteur rencontre peu le diable, c'est parce qu'il doit avoir beaucoup d'autres pénitents à fouetter.

Ayant, vous l'avez sans doute compris, plus de passé à évoquer que d'avenir à prévoir, mon goût pour l'écriture l'a emporté sur mon dégoût des choses tristes. Mais non sans forcer ma nature, plutôt prudente et réservée. Quand, avant de vous les livrer, j'ai relu certaines pages, je me suis demandé si elles étaient bien de mon cru. En appréhendant que d'avoir commis trois livres sur un tel sujet me fasse passer pour un rêveur, section cauchemars.

Arrivé au terme de cet essai ou plutôt de cette tentative, je précise que je n'ai aucune intention de publier sur la mort un quatrième livre. Tout au plus souhaiterais-je disposer de nombreuses années pour affermir cette résolution.

Certaines descriptions, tombées de ma plume, ne me donnent aucune envie d'aller les vérifier. J'ai beau avoir déjà choisi comme épitaphe cette formule où l'étonnement le dispute à la modestie – « Il y est passé comme les autres » – rien ne presse.

Bref (comme disent toujours les intarissables bavards), je me suis habitué à l'idée de la mort des autres. Pas encore à la mienne.

Table des matières

Mise en pages
PCA
44400 Rezé

CET OUVRAGE
A ÉTÉ ACHEVÉ D'IMPRIMER
SUR ROTO-PAGE
PAR L'IMPRIMERIE FLOCH
À MAYENNE EN DÉCEMBRE 2013

N° d'édition : L.01ELKN000289.N001 – N° d'impression : 86106
Dépôt légal : janvier 2014
Imprimé en France